爸爸来自火星，妈妈来自金星

地球宝宝♂诞生♀

爸爸来自火星，妈妈来自金星

地球宝宝诞生

（意）阿尔贝托·佩莱　（意）芭芭拉·坦博里尼 / 著　杨宇彬 / 译

中国青年出版社　CHINA YOUTH PRESS　中青幼狮

I PAPA' VENGONO DA MARTE, LE MAMME DA VENERE
World copyright © 2017 DeA Planeta Libri S.r.l., Novara

本书中文简体版专有出版权经由中华版权代理总公司授予中国青年出版社

律师声明

北京市中友律师事务所李苗苗律师代表中国青年出版社郑重声明：本书由DeA Planeta Libri S.r.l. 授权中[国]青年出版社独家出版发行。未经DeA Planeta Libri S.r.l. 和中国青年出版社书面许可，任何组织机构、个[人]不得以任何形式擅自复制、改编或传播本书全部或部分内容。凡有侵权行为，必须承担法律责任。中国青[年]出版社将配合版权执法机关大力打击盗印、盗版等任何形式的侵权行为。敬请广大读者协助举报，对经查[实]的侵权案件给予举报人重奖。

侵权举报电话

全国"扫黄打非"工作小组办公室　　中国青年出版社
010-65233456　65212870　　　　010-50856028
http://www.shdf.gov.cn　　　　　　E-mail: editor@cypmedia.com

图书在版编目（CIP）数据

爸爸来自火星，妈妈来自金星.地球宝宝诞生！／
（意）阿尔贝托·佩莱，（意）芭芭拉·坦博里尼著；
杨宇彬译.—北京：中国青年出版社，2018.7
ISBN 978-7-5153-5073-8
Ⅰ.①爸… Ⅱ.①阿… ②芭… ③杨…
Ⅲ.①婴幼儿-家庭教育 Ⅳ.①G78
中国版本图书馆CIP数据核字（2018）第066662号

版权登记号：01-2018-0875

爸爸来自火星，妈妈来自金星——地球宝宝诞生！

[意] 阿尔贝托·佩莱、[意] 芭芭拉·坦博里尼 / 著
杨宇彬 / 译

出版发行：	中国青年出版社	印　刷：	湖南天闻新华印务有限公司
地　址：	北京市东四十二条21号	开　本：	889×1194　1/32
邮政编码：	100708	印　张：	8
电　话：	（010）50856188 / 50856199	版　次：	2018年7月北京第1版
传　真：	（010）50856111	印　次：	2018年7月第1次印刷
企　划：	北京中青雄狮数码传媒科技有限公司	书　号：	ISBN 978-7-5153-5073-8
策划编辑：	杨昕宇	定　价：	48.00元
责任编辑：	张　军		
营销编辑：	王莉莉		
封面设计：	邱　宏		

本书如有印装质量等问题，请与本社联系　电话：（010）50856188 / 50856[199]
读者来信：reader@cypmedia.com　　投稿邮箱：author@cypmedia.c[om]
如有其他问题请访问我们的网站：http://www.cypmedia.com

目录

简介 妈妈和爸爸对比   13
"宝宝冲击"   13
隧道尽头的光明   14
搞不懂你   16
另一半的想法   19
不同的星球   26

第一章 两道杠，冒险的开始   31
她的视角   31
他的视角   36
挑战   39
女人的大脑里发生了什么   44
男人的大脑里发生了什么   46
妈妈给爸爸的建议   48
爸爸给妈妈的建议   49

第二章 等待   51
他的视角   51
她的视角   55
挑战   61
男人的大脑里发生了什么   66

女人的大脑里发生了什么	67
爸爸给妈妈的建议	71
妈妈给爸爸的建议	72

第三章 亲爱的，我羊水破了！ 75
她的视角	75
他的视角	81
挑战	85
女人的大脑里发生了什么	90
男人的大脑里发生了什么	92
妈妈给爸爸的建议	95
爸爸给妈妈的建议	96

第四章 终于到家了 99
他的视角	99
她的视角	105
挑战	110
男人的大脑里发生了什么	121
女人的大脑里发生了什么	123
爸爸给妈妈的建议	125
妈妈给爸爸的建议	126

第五章 爸爸时刻 129
哺乳期	129
她的视角	129
他的视角	136
断奶，开始在餐桌上吃饭	139
她的视角	139
他的视角	142

挑战	146
女人的大脑里发生了什么	152
男人的大脑里发生了什么	156
妈妈给爸爸的建议	158
爸爸给妈妈的建议	159

第六章 宝宝要不要和我们一起睡   161

他的视角	161
她的视角	167
挑战	172
男人的大脑里发生了什么	178
女人的大脑里发生了什么	181
爸爸给妈妈的建议	183
妈妈给爸爸的建议	185

第七章 玩耍是件严肃的事情   187

她的视角	187
他的视角	193
挑战	197
女人的大脑里发生了什么	204
男人的大脑里发生了什么	206
妈妈给爸爸的建议	210
爸爸给妈妈的建议	211

第八章 学会对任性说不   213

他的视角	213
她的视角	218
挑战	222
男人的大脑里发生了什么	226

女人的大脑里发生了什么 229
爸爸给妈妈的建议 233
妈妈给爸爸的建议 234

未完待续　上幼儿园了 237
她的视角 237
他的视角 241

和平共处十大原则 247
鸣谢 251
文献 253

♀♂

简介

妈妈和爸爸对比

"宝宝冲击"

研究数据表明,在从情侣晋升为父母这个阶段里,夫妻间随着时间的推移而形成的和谐与平衡是最容易被打破的。在最近三十年里,夫妻在第一个孩子出生后三年内分开的概率在不断上升。

"宝宝冲击"[1](baby clash)是一个专门用来描述这一现象的术语。一个不幸的事实是,生活在单亲家庭里的不满两周岁的孩子竟高达一成以上。根据《宝宝冲击》一书作者法国学者贝尔纳·格贝罗维奇的研究,

---

[1] 贝纳德·葛贝罗维茨,科莱特·马鲁斯,《婴儿冲击——孩子出生为夫妻带来的考验》,德维奇出版社,2007年,米兰

"有20%～25%的夫妻在宝宝出生后的头几个月里就分开了,而这一比例现在还在不断攀升之中。"。

抛开数据不谈,宝宝出生确实是家庭生活中的一场革命,需要夫妻双方共同付出巨大的努力来面对与适应。

在和"过来人"的交流中可以感受到,几乎每个人都或多或少能够预见到他们的生活会因为宝宝的到来而发生翻天覆地的变化,同时他们也都表示已经做好了面对改变的准备。但知易行难,很多事做起来总是比单纯说说要难得多。

实际上,这是一个不可能被忽略的挑战,身边的每个人都会向你谈及此事。更糟的是,他们常常会把孩子出生后夫妻间的关系描述成一部惊悚片,而不是像人们期待的那样成为一部充满欢笑的喜剧片。

隧道尽头的光明

我们家里一共有四个孩子。我们总是将每个孩子的前三年称之为黑暗的"隧道"——只有熬到了第四年,我们一家人才能走过黑暗重见光明。

在头三年里一切都是崭新的。这段时间里你需要想清楚自己要成为怎样的父母,要以怎样的方式陪伴孩子成长。当然,(偶尔的)不眠之夜、疾病与紧急情况也是你必将面对的。由此而产生的情绪是多样而矛盾的——在看着你的亲生宝贝时,你会感到无比的喜悦与自豪;而在其他一些困难时刻(譬如宝宝的哭闹让你整夜无眠时),你将体验到疲惫、焦虑、恐惧甚至是愤怒。

我们就在这样的"隧道"里一待就待了11年。我们的第一个孩子在2000年降生,而最小的一个出生于2008年,并在2011年度过了他的3岁生日。在此期间我们一直努力想成为优秀的爸爸妈妈,同时在这段婚姻关系中成为更好的彼此。

有时候我们也会感到气馁,觉得我们难以再咬牙坚持下去等到看见光明的那一刻了。有时我们觉得伸出的一只手已经触碰到了天堂,然而在另一些时候生活的艰难却又会狠狠地踹我们一脚。无论如何我们还是选择了手牵手一起坚持着,一起面对每天的黎明和随之而来的新挑战,为我们这个"2+4"的家庭找到了平衡点。

说实话,无论是欢乐还是痛苦,我们都无比热爱我们的生活。

搞不懂你

如果说这些年来有什么是我们生活与工作、快乐与责任、情感与承诺最大的挑战的话,那肯定就是在互相理解上的困难了。在所有对夫妻感情关系的挑战里,互相理解对方的想法无疑是最困难的。只关注和了解宝宝的想法,知道该如何陪伴他成长,学习成长所需经历的不同阶段是远远不够的。

我们对这些话题其实再了解不过了,因为我们两人在职业生涯里都对这些话题做了长时间的深入研究。真正的关键在于夫妻双方如何共同制定出良好的方案,并以分工合作的方式共同面对孩子成长中方方面面的挑战。两人要学会一起思考并和另一半一起做出正确的选择,切忌针对对方的观点唱反调,从而达到两人思想和情绪统一和谐的境界。如果夫妻两人忽视了这一点,你很可能就会发现虽然你对孩子的一切了如指掌,但你的枕边人却变成最熟悉的陌生人了。

丽塔,34岁,向我们就这一充满挑战的关键时期进行了以下的倾诉:

> 在女儿伊雷妮出生后,我便常常陷入疲惫与沮丧的状态。刚开始我是非常快乐的,小女儿的到来对我来说简直就是美梦成真。但不久

之后我就开始感觉被接踵而至的种种琐事逐渐地吞噬了。宝宝总是离不开我的乳房，每当听到她的哭声，我就会感到十分焦虑。为了让她停止哭泣我总是不断地给她喂奶，即使我很清楚她根本就不需要再吃了。我的丈夫富尔维奥即使在家的时候对我好像也不理不睬了，而且还常常冲我发脾气——他说自从伊雷妮出生以后，她就再也没有离开过我的怀抱了。他有时候会想和我做爱、聊天，找回原有的二人世界的感觉。但这些对我来说还是太早了，在那几个月里我眼里只有伊雷妮。此外，各种琐事也让我筋疲力尽，从而毫无闲情逸致。对我们来说，那真是困难的一段时间。成为母亲让我欣喜，而同时我丈夫的不满和疏离却让我感到无比沮丧。

而富尔维奥对当时是这样回忆的：

伊雷妮的诞生就像是射入我们生命里的灿烂阳光，让我的心里充满了幸福感。然而随之到来的是丽塔的转变——她眼里除了伊雷妮之外似乎一切都不再重要了。她事无巨细什么都要自己亲自去做，而伊雷妮也只能被她一个人抱着。为了履行作为父亲的职责，我也必然需要和她就此展开讨论。一段时间过后事情还是朝着让人难以忍受的方向发展。我妻子疲惫不堪，而争吵也只能让事情变得越来越糟。所以最后我还是决定一切都顺着她的意思去办，希望船到桥头自然直——哺乳期完了之后她会重新回去上班，而我作为爸爸也就有更多的空间去发挥作用了。当然了，这段时间对我们两个人来说都是不容易的。

在妻子怀孕期间，我们一直在想象伊雷妮的到来将会让我们成为世界上最幸福的夫妻，但后来的事实却跟我们之前想象的完全相反。问题不是出在孩子身上，而是出在我们两个大人身上——我们没能对彼此形成更为深入的了解，我们之间的平衡被打破了。

富尔维奥说的最后一句话点出了事情的关键——孩子的出生和成长依赖于父母的付出与牺牲，但这一过程却有可能让夫妻间的关系产生巨大的变化，如果处理不当，甚至会给关系造成裂痕。

这一过程中最大的困难和挑战莫过于学会了解另外一半心里在想什么。如果做不到这一点，而是像丽塔和富尔维奥一样只专注于自己的想法和情绪，那么双方都会觉得自己不被关注与理解，从而阻止双方的交流，让维持感情稳定与和谐的根基受到考验。

另一半的想法

你们手中这本书的目的就在于让你们明白孩子出生的头三年里你们的另一半心里是怎样想的。我们将从爸爸和妈妈两个不同的视角来描述这个时期里一些常见的场景。

本书将为你们描述笔者作为父母的亲身经历，同时也会用到许多其他父母的经验。四个孩子的出生和成长让我们自己的社会关系得到了极大的扩展，在最近的十年里我们经常为别人讲述自己的故事，获取其他父母的信任，并为这些焦虑的父母进行辅导和排忧解难。

与伴侣一起阅读本书是一个在了解自己的同时了解伴侣的绝佳途径。

这本书将传授给读者如何强化"元认知"以及"换位思考"两方面能力的方法。

"元认知"是人的一种自省能力，亦是对我们自身与所处事物间关系的认知。学会如何跳出自我并对自身进行放大剖析，而不只是专注于为了自己思考，从而发展出一种在任何环境下都能自觉运用的健康批判思维

（自我批判）是十分重要的——这能增进我们心理上的灵活性，让我们对自己有更清醒的认识，看清自己的改变过程。最重要的是明白自己不是世界的中心，客观事物并不会以我们的主观意志而转移。

"元认知"这个字眼听起来非常的学术且远离生活，但实际上我们在日常生活和与别人打交道的时候都会经常用上它。为了更好地区别思考和"元思考"这两个概念，我们可以想象一下以下两个具体场景。

1. 当妈妈忙于整理厨房的时候，两岁的孩子却光着脚在洒满面包屑的地上走着。爸爸为了查电子邮件，把仍待整理的餐桌一角清了出来用来放电脑。孩子之后不小心把垃圾桶打翻了。妈妈很生气。

   她的想法：我的伴侣不来帮我，却只顾着做自己的事情，连餐桌都懒得收拾。他一点都不尊重我，我在他眼里一点都不重要。在孩子学会走路之后，你应该时时刻刻都盯着他啊。

   元思考：我的伴侣就是不明白我这时非常需要他的帮助，这让我很难过。他应该知道现在不是用电脑的时候。我今天为孩子忙活了一整天，已经很累了，现在正需要放松一下。

2. 爸爸正在给出生没几个月的孩子换尿布，这时他发现需要把孩子全身的衣服都换一遍。妈妈这时走进卫生间站在一旁看着。没过一会，妈妈便从爸爸手里把活抢了过来，麻利地整理着尿布，并说道："还是我来吧，我弄得更快！"。

他的想法： 她总是要按她的意思去做，然后还要说我帮不上忙。她总是觉得只有自己才能把事情做好，这让我觉得很不舒服。我也没有弄痛孩子啊。有时候她真是有点太自负了。

元思考： 我的伴侣不明白我需要尝试和练习才能学会熟练地把东西处理好。这真让我苦恼，同时也让我觉得自己无能，没法把孩子照顾好。她这是对我缺乏足够信任。

如果你们能区分出以上两种思考方式的不同，那么你们也就明白了元思考是什么意思了。虽然在以上两个场景里，使用元思考并不能自动地就将负面情绪消除掉——洗碗的妈妈还是会感到难过与生气，换尿布的爸爸也还是会因为自己帮不上忙而感到沮丧。但是当我们使用元思考的时候可以更清楚地认识到自己的负面情绪，这让我们能够与伴侣就此进行沟通。如果缺少了这个过程，负面情绪会得不到交流和疏通，导致委屈的积累甚至报复行为的产生。最后一种情形恰恰是夫妻双方进入对抗关系的第一步——你伤害了我，所以我也要伤害你；你让我不好过，我也不让你好过。

由此一来怨恨会渐渐在两人心里积累。这种积累下来的怨恨是夫妻健康关系的一颗定时炸弹，在照顾宝宝这种高压力的情况下尤其容易被引爆。

元思考让我们能更好地认识和了解我们的负面情绪，更重要的是它为我们的坦诚交流打开了一扇大门。坦诚的交流不总是轻松愉快的，但对两人健康和谐的关系绝对是具有建设性的。元思考帮助我们了解当我们面对压力、侵犯或者脆弱感的时候应该怎么应对。借助元思考我们可以超越当时的委屈感从而了解自己心理的活动状态。

元思考并不是一个出发点，而是一个需要不断练习与强化的思考方式。日常生活将是我们广阔的训练场，而这本书就是你们的教练。

第二种能力称之为"换位思考"。这是一种理解感知他人思想甚至是其行为背后的动机与情绪的能力。强化这种能力不只是指对伴侣增进了解，而是对伴侣于自己意味着什么进行深入的反思，并对伴侣行为背后的动机加以研究，这也被称为"同感心"。

我们再来回顾一下之前所给出的例子。

爸爸需要查阅工作邮件而没有顾及到餐桌需要整理。妈妈通过生气来表达对其行为的不满，并让爸爸感到了她的敌意。换一种方式，妈妈其实可以向爸爸说明他这样做会让她感到受忽视与难过。这两种方式会带来非常不一样的结果。

当然了,有少数男人确实可以在一天忙累的工作后,又或者是在焦虑地等待一封重要的工作邮件时,透过妻子的咆哮声看到她心里所受的委屈。这样的"超级英雄"会自觉地从椅子上站起来走到妻子跟前,并对自己的过失做出由衷的道歉:"亲爱的,对不起,让你受委屈了。下次我会注意的。让你伤心,我真的感到很愧疚。"他会给妻子一个温暖的拥抱,并马上开始收拾餐桌,打扫地板。如果你们的伴侣碰巧是这样的人,那么你也不再需要这本书了——因为你们已经中了人生的大奖了!

但是如果和你们一起生活的那个男人在你们发脾气的时候自己也会提高嗓门和你们开战,并且将他为你做的事情逐条罗列作为反驳,那么你们还是需要好好参考一下这本书。

换位思考是一种我们每个人在一生中都要不断锻炼和使用的能力。双方如果能培养出良好的换位思考的能力,这能让夫妻一辈子的关系都幸福美满,省去许多不必要的争吵。特别是在养育孩子这件事上,这种能力能让爸爸和妈妈成为紧密的合作伙伴联盟。

回到我们之前的例子,如果妻子对丈夫说明自己的委屈("我觉得受到了忽视"),这样丈夫的反应也可能会更加平和:"我现在工作上有个紧急情况需要处理,但现在确实不是时候。对不起,刚刚忽视了你,我不是故意的。下次如果再有这种情况,你可以马上和我说你需要帮助,我会马上来帮你的。不要再委屈自己了。"这样必定是让大家都更为开心的一种结局。

懂得换位思考意味着知道怎么去理解他人行为背后的原因(我的妻子生气是因为她感到被忽视了,感到孤单了),并且知道怎么去预见这些行为(在我们的例子里,预见妻子会生气)。这种能力可以让我们针对事情的具体情况采取更为灵活的态度,也能让我们更好地捕捉到揭示他人心理活动的外在信号。

我们之前所描述的这些具体场景揭示了语言的重要性——用语言表达自己的内心活动(元认知)不只可以提高我们自己的能力,同时还能提高对方的能力。

很多人对如何运用语言表达自己内心的感受有着不同程度的障碍,但现在开始学习并改进也为时不晚。这种能力是具有传播性的——如果你们身边的人都很好地掌握了换位思考的能力,那么你们自身也会受到积极的影响。

另一个重要因素是自信心。如果例子里的父亲缺少自信,觉得自己真的帮不上忙,那么他很可能会马上反过来对妻子发火,并以语言作为盾牌进行自我保护:"你不看看我为你们付出了多少!"或者"对,我就是什么都不会干！"。我们越是自信，就越能正确地理解他人的想法，而不会就对方的行为产生误解。

一个孩子的到来经常会引出父母与自己原生家庭间尚未解决的一些问题。当一对夫妻结合时，双方都会把自己的一些人生经历带到这段关系中来。只有去感受和理解对方内心的一些恐惧，我们才能真正了解一个人的想法。我们要学会信任那些与我们有着紧密关系，并将共度一生的人——我们的伴侣，还有家人。如果夫妻一方与其原生家庭（父母）的关系不是很和谐，那么另一方便需要给予更多的关怀，帮助其抚平内心的伤痕。在这一过程中，元认知以及换位思考都能起到很大的作用。

我们再来读一下丽塔和富尔维奥的故事，就能明白他们的矛盾产生的原因是他们没能运用好我们所提到的这两种能力。他们双方都只专注于自己的计划和想法，却都把另外一方当成是障碍的制造者，从而没有能够站在一起作为团队去解决问题。丽塔不想任由伊雷妮一直哭，而富尔维奥则觉得自己受到了排斥，感到自己难以挤入她们两人的关系里。一个能让他们从这个恶性循环中脱身的正确问题是："你为什么不开心（元认知）？我能做些什么让你更好过一些吗（换位思考）？"如果夫妻双方能在这两个问题上一起合作，那么两人在孩子到来后的这几个月里，可以避免许多不必要的争吵与折磨，从而更多地去享受初为人父母的喜悦和满足。

为此，我们特意选择了大多数新任父母都会经历的一些情景来进行进一步的研究，从而学会更好地读懂妈妈、爸爸以及宝宝的行为与想法。

我们希望读者和伴侣一起阅读这本书，一起给这本书划重点，然后互相交换意见以及进行讨论。还有，不要忘了两人应该一起观看这本书里推荐的影片以及文章。这将是一个自学的过程，而双方在阅读本书期间所进行的交流肯定也能为这段人生历程锦上添花。愤怒终将让位于理解（至少在多数情况下），而你们也会在回首往事时会心一笑。读完这本书后，你们会对另一半充满信任，并相信孩子的到来会让你们变得更优秀。

不同的星球

荷尔蒙以及基因上的差异决定了男人和女人的大脑在结构与工作方式上都是不一样的。荷尔蒙无疑是决定大脑发育的最主要因素之一。女性荷尔蒙的分泌会根据月经周期的不同阶段而变化，影响着她们的情绪以及承受压力的能力。而对于某些女性来讲，经前症状更是会对她们的日常生活在心理上和生理上带来不可忽视的负面影响。

在之前很长的一段时期内，女性大脑体积比男性大脑体积小（小约9%）的事实被认为是男性在智力上优越于女性的证据，这种观念一直到神经科学的发展兴起后才得以证实为谬误并被摒弃。神经科学研究发现，男女大脑虽然在体积上有所差异，但是脑细胞数量却是相当的，因此两者的功能水平也是相当的。但是这并不说明男人和女人的大脑就是按照相同的方式运作的。物种的演进正是基于多样性及功能互补性的，无论过去还是现在，否认多样性无疑是一种开历史倒车的行为。

在解决问题的时候，男性和女性大脑中被激活的区域有很大区别。两性大脑在结构、化学、基因、荷尔蒙以及功能上都有显著的区别。这些区别在男女共同参与的工作以及私人领域内都产生着深远的影响。

在职业生涯上的不同表现不仅仅是简单地取决于个人能力，同时也会取决于基因——当女性开始对自己的未来家庭生活做决定的时候（譬如结婚以及组建家庭），她们会对独立性或是竞争性较强的目标任务失去兴趣。这是在人们染色体上就已经注定的。确实有很多女性在工作上全身心投入并取得了辉煌的成就，但这也并不能作为反例否定男女基因上的不同。女性的大脑使她们更善于通过语言表达情绪，与别人建立深厚的友谊，从面部表情及语音语调中解读出他人的内心活动，她们还会天生地比男人更倾向于为别人提供照顾。因此，女性在解决纷争上有着更明显的优势。

男性大脑里掌管性冲动的区域以及杏仁体则更为发达，这让男性在控制恐惧、愤怒以及攻击性上与女性产生了很大的区别。男性会在本能上避免强烈的情绪，思维方式更偏理性，从而在完成某项目标（譬如工作）时能够更加专注。

女性天生对冲突具有厌恶感，这是一种自然进化的产物。《疯狂原始人》这部梦工厂制作的动画电影讲述了一群原始人的生活，其中有这样一句台词："争吵意味着死亡。"在原始社会里，女性和男性的关系破裂意味着女性将被无情地抛弃，没人会再为她们提供食物与安全，结果就是她们将不可避免地和子女一起死去。通过物竞天择，女性的基因让她们天生地更加具有忍耐性。

很多人可能会反对这一点，认为这在当今社会并不适用，这些人的论据是现在许多母亲可以独自抚养子女。在过去，受委屈时忍气吞声，打不还手骂不还口是维持婚姻的唯一办法。现在，虽然没人会再给出这样的建议，但事实是女性在两性之间仍然是更为大度和容忍的一方。

在愤怒管理上，男性与女性也有着不同——男性通常更加容易冲动，更具有攻击性；而女性在发怒的时候会有强烈的倾诉欲望，她们会通过倾诉这种方式来宣泄心中的怒火，她们也更倾向于使用语言进行攻击，在运用词汇上明显更胜男性一筹。在面对威胁和危险的时候，男性在本能反应上更具有优势；而女性则与此相反，常常会陷入不知所措的状态。

总的来说，男性和女性在处理情绪上的方式有着很大的区别——女性大脑的前额叶皮层面积更大，因此在批判性思考和控制调理情绪上优势更为明显。另一方面男性因为荷尔蒙分泌的原因，受抑郁症或焦虑症侵扰的概率只有女性的四分之一左右。

我们在本书接下来的每一章里都会探究女性和男性在大脑运作上的不同，并将从双方所面临的各种挑战来进行深入分析。

第一章

—

两道杠，
冒险的开始

—

♀ 她的视角

　　今天没吃到贻贝意粉真是有点可惜。虽然贻贝意粉说不上是我最喜欢的一道菜，但那香味也真是太吸引人了……还有欧芹和小番茄配在一起的酱汁……天啊！我现在就要打电话给酒店厨房让他们马上送一盘到客房里来！刚才在餐厅吃饭的时候其实我也能尝一口的，但你狼吞虎咽地把一大盘一下就都吃完了。我很喜欢看你吃饭吃得那么香的样子，感觉你就像史瑞克那么可爱。你问我为什么只点了一份牛油白意粉，我跟你说我这是在节食减肥。"那你要错过美味了！"你说道。

　　其实我自己也不清楚贻贝是不是孕期需要禁口的食物。我或许是太心急了，但我确实觉得自己已经完全进入孕妇状态了。虽然今天只是我月经迟到的第三天,但我已忍不住一直摸自己的肚子了。我已经等不及要去买孕妇装了,我更等不及要享受去超市不用排队的孕妇待遇了!

我静静地看着熟睡中的你,自己却在床上辗转反侧,我真想把你摇醒。在我的肚子里说不定小细胞们在玩"看谁分裂得快"的游戏呢,你说这是不是太棒了?

在这个长长的不眠之夜里,我在脑海中想象着一幕一幕的画面——向我妈宣告这个好消息时她脸上的表情;怎么给宝宝腾出自己的房间?子宫收缩是不是真的像她们说的那么疼?我会不会忘了预约妇科医生?如果这次没怀上,那我们要马上再试一次!明天要取消水疗按摩了。不要,还是先做完验孕测试再说吧。宝宝什么时候会开始在肚子里动呢?如果我现在就和她说话,她能听得到吗?她会健健康康吗?会是男孩还是女孩?哼,反正我觉得肯定是个女孩。

我轻轻地靠近你,感受着你沉稳绵长的呼吸。你能听到我的想法吗?我抓住你的手,然后静静睡了过去。

第二天醒来的时候,我觉得自己有些疲倦,但同时也感到十分喜悦。昨晚我着实没睡多长时间。你一脸享受假期的轻松表情,在镜子前刮着胡子。我觉得你好像并不是很想陪着我的样子。我一边哼着小曲一边靠近你,开始用手指来撩你。

"怎么样，我们来一发吧？"

"一发什么？今天想去射箭吗？"

我笑着轻轻地打了一下你的背，我就喜欢你抖机灵的样子。

"今天可是大日子！该验孕了。"

"哦，对哦，我都给忘了。"

我知道对你来说，要面对这个新消息可能一点都不容易。你还停留在你的舒适圈内。我太了解你了，你实在不擅长应对未知与不确定。你可以很轻易地为我们的浪漫晚餐准备几个你的拿手好菜，但如果我们的车在高速上抛锚，需要见机行事时，你可能就会不知所措了。

我们对生孩子这事儿已经讨论过很多次了，这可能是今年我最爱聊的话题了。

我们匆忙穿好衣服，吃完早餐，然后就开车出门了。今天收音机里碰巧放着我们俩都熟悉的歌。我一路上使劲地跟着音乐在唱，而你很多时候只是哼两声就过去了，好像你不记得歌词一样。

"停车停车，我问问药店在哪儿。"为啥男人们总是不好意思向路人问路呢？我们在步行街上转了一圈，当我逮着了一个行人跑过去问路的时候，你磨磨蹭蹭地跟在我身后。

"请问附近有药店吗？"谁知道这个老太太会怎么想呢？我真想大声告诉她："您知道我刚怀上了吗！？"

最后我们终于找到了，我几乎是跑着进了药店——跑一跑肯定有助于孕妇身体健康的。

"请给我拿一根验孕棒，谢谢。"

她会给我推荐哪种呢？买两个会不会保险一些？她自己用过吗？还好我把这些好奇的问题忍在了肚子里。买完之后我兴奋地跑回了车上，一路上对还在排队的人们给予了灿烂的微笑。

"买到了！"

"好的，现在我们就回旅馆。"

我能感到你有点紧张，你在激动的时候连散发的味道都不一样。

"我们得换一辆新车了，现在这辆后备厢有点小。然后我们还得把家里的墙重新刷一遍。明年假期我们最好选一个带沙子的海滩。你以后每天会早下班回家吗？如果我挺着大肚子，还不时犯恶心，你还会爱我吗？"

我一路上用各种问题轰炸着你，而你却板着脸一本正经地回答着我。我都有点想念你开玩笑时的幽默感了。为何我们不能一起欢呼"验孕万岁"呢？

回到房间后你认真地读着使用说明，我却在一旁激动不已。说明书上的文字不多，却有很多图示。虽然就算是小孩子也能看懂，我还是想要你来帮我。我按着你的指示一步一步地进行操作。

终于都一切就绪了……这可是我人生中最重要的一

泡尿啊！可我要是尿不出来咋办啊？应该不会的，今天早上我还没上过厕所，膀胱早就涨得不行了。

整个过程你都在一旁监督着。完事了之后我把盖子盖了起来，然后把验孕棒放在了洗手台上。

"现在我们该干嘛？我们是在这儿盯着还是要去房间里等？"

你牵过我的手，我们回到了房间里，并排坐在了床边上。

"如果没怀上怎么办？"

检验需要三分钟的时间，但是只过了两分钟后，你就迫不及待地站了起来。我喜欢你面对现实时认真严肃的样子，即便你感到害怕时也是如此的强大。我也站了起来抢到了你身前——我要第一个知道结果。

"有了！"我高声呐喊道。希望房外的服务生不要因此去前台报警吧。你坐在了床上，我高兴地骑到了你身上，然后开始疯狂地亲吻着你，我完全停不下来。我要当妈妈了！我就说我不是简单地长胖了而已。

你坐在那一动不动，然后说道："我不知该说什么好。"

你起码应该想到点什么，至少不要让我心碎啊。你可以说："你会是最棒的妈妈，你的奶水会源源不断，也不会把尿布给孩子穿反的。"

快救救我，我觉得快乐得要晕过去了！告诉我今天午饭去吃海边的那家小餐馆，或者告诉我你想去海边游个泳。随便跟我说点什么吧！我需要感受到你的力量，这份喜悦对于我自己一个人实在太过强烈了！

♂ 他的视角

今天早上我们为了找药房开车转了一大圈。我们已经好几天都在讨论这事儿，今天终于付诸行动了，面对现实的时候到了。我们竟然会在旅途中，在一个远离自己家的地方去寻找这个对我们生活意义非同寻常的证据。在假期的这几天里我不断问自己，如果我们真的要为人父母了，我们会变成怎样的人。我也不知道为什么我的脑海里充斥着灾难性的场景，就像电影《后天》或者《2012》里一样。难道孩子的诞生会是我们的"世界末日"吗？我们一直都想要个孩子，但是为什么到了真正面对他的时候，我反而会如此害怕？

说实话，生孩子这事儿其实一直都让我惶惶不安。我在自己的舒适圈里可以活得如鱼得水，但我总是对新事物持怀疑和警惕的态度。当面对新挑战的时候，我的第一反应总是："我能行吗？"对于要当爸爸这件事情也是一样，这个想法已经在我的脑海里徘徊了好几天了："我能胜任爸爸这个角色吗？我会成为怎样的爸爸？要怎样给宝宝洗澡和换尿布啊？"

然后，一大堆自我暗示和画面就会开始不断地占据我的思考，停都停不下来。我已经能想象到为了哄宝宝睡觉而一夜无眠，第二天顶着两个大大的黑眼圈去上班的情景。我可能会当着病人的面睡着的，又可能会因为过度疲劳而给病人误诊。病人要是看到我这个状态，肯定要摇着头转身而去了。

为何我会对即将到来的挑战感到如此毫无准备？为什么要孩子这件事会给我带来如此严重的存在危机感？当我在车里等你的时候，这些想法在我的脑子里不断地打转儿。你从药店门口出来的时候手里拎着一个小袋子，脸上挂着灿烂的微笑。你向天空张开双臂，像是在向全世界宣布你的胜利。

为什么我们在同一件事情上的反应会如此不同？在这次月经迟来的一开始，我们就猜这次是真的怀上了，一直以来梦寐以求的宝宝终于到来了。你当时开心得简直要灵魂出窍了。当我两天前和你说："我们去买一根验孕棒测一测吧。"你回答道："我们再等个两三天吧，我不想测得太早让结果不准，不想因为热情过度而把惊喜给弄没了。"你天生就是这个样子，喜欢等待与想象，而我却想马上知道一切。在这两天时间里你的眼里都闪耀着天空与大海般的喜悦。

你上了车，兴奋地说道："让我们一起飞起来吧，我觉得自己可以升天了!"

我专心开着车,但脑子里已经在预演着九个月后的场景了——为及时把你送到医院,我在马路上高速飞奔着,以求你不用在半路上把孩子生下来。而你继续不断地重复着:"谁知道这次是不是真的怀上了。快,开快点!我们到得越早,就知道得越早。"

我把车停在了酒店的停车场,你下车的时候把装着验孕棒的袋子像无价之宝一样紧紧抓住。我跟在你身后时你突然转过身,紧紧地抓住我的手跟我说道:"我们上楼吧。"

一进房间,你就把验孕棒的包装拆开了。我拿起使用说明书读了起来,没什么特别复杂的步骤,你只要尿在验孕棒的一头上,然后观察另一端显示的结果就行了——一道杠意味着一切如常;而两道杠就意味着我们将要为人父母了。

我听到你尿尿的声音。这让人感觉有点奇怪——那么重要的一个时刻却是由一泡尿来决定的。我看着手表等待着三分钟时间的过去。我的心跳得很厉害,我自己都能听到它跳动的声音了。我口干舌燥,脑子里一片空白,时间这时对我来说就像凝固了一样。而你却在房间里踱来踱去,不一会儿就问我:"还要多久?我们现在就看看吧?还是再等一下?你在想什么?为什么你不说话啊?"

我不说话是因为我不知道该说些什么。这看起来很不可思议——生活就要经历翻天覆地的变化的时刻我却找不到话来感慨一下。

终于我站了起来,走向了浴室的方向,是该面对现实的时候了。你跑着抢在了我身前冲进浴室,你大声地喊道:"有了!"

你转过身来抱住我狠狠地吻着。

我呆呆地坐在床上,任由你抱紧我,亲吻我。因为我已经不知道该做什么了。

这就是我当爸爸的第一个时刻——如果现在有人给我照张相的话,我看起来一定是像一尊石像。

我看了看你,终于挤出了一句话:"我不知道说什么好。"

你微笑着回答我说:"没事,你会想到的,你肯定会的。"

♀♂ 挑战

这是一切的开始,是人生两个不同阶段的分水岭——在此之前我们都只是简单的男男女女;但是在验孕结果出来并确定怀孕以后,我们就要变身为父亲母亲了。在那两道粉红的杠出现后,我们的头脑会暂时停止工作，因为随之而来的情绪冲击实在是太过强烈了。

在很多情况下这是对双方感情关系的加冕——二人的爱情终于要迎来结晶了。

在一段爱情的初始阶段（通常是6~8个月左右），荷尔蒙的分泌水平会保持在很高的水平，并且会对身体产生与精神药物类似的作用。双方，特别是女方的批判思维会暂时陷入一种瘫痪的状态，导致我们对另一方的缺点视而不见。

在陷入爱河阶段，互相接近的试探行为会让双方对彼此产生依赖。依赖感是爱情得以长久的一项重要因素。随着见面频率的增加，我们对伴侣的了解会逐渐加深，同时那种"小鹿乱撞"的心动感觉也会慢慢消退。感情的热度会慢慢减退，但同时也慢慢变得更为稳定与持久。对比起热恋阶段互相试探的强烈张力，双方在这一阶段会进入更为冷静及平缓的感情，从而节省每个人有限的精力。通过对感情持续的灌溉，两人的关系可以得到有力的巩固——拥抱和亲吻等身体上的亲密接触以及心理上对对方的关注均能促进催产素和垂体后叶素这两种"爱的荷尔蒙"的分泌。

在此阶段里，双方的关系和感情达到了一种平衡，而受孕也通常在这一阶段发生，但有时在双方都欠缺准备时，女方的意外怀孕也是会发生的。当意外怀孕发生时，我们需要考虑以下两个重要的问题：

- 评估双方的感情现状,并决定双方是否具有足够的感情基础来将此关系发展为长期关系;
- 考虑孩子带来的影响和责任。

在验孕结果面前男女双方的反应,根据其对要孩子这件事的态度,会有很大不同。有一件事情是确定的——怀孕一方面来讲是一件具有社交意义的事,通常大家会把这个消息分享给身边的人;但在另一方面,怀孕也会对两个人的私人生活带来很大的影响,可能为两人的关系带来不稳定因素,或者对个人的安全感造成很大冲击。

在消息公布之后,孕妇会发现身边的女性朋友都想要对怀孕这件事情进行了解、分享以及倾诉。

男人们在这件事上的反应会和女人很不一样,当和男性朋友们分享这一消息时,很多人会先为你献上祝福,然后给你他们的建议:"你应该抓紧时间吃喝玩乐,因为孩子出生以后你就什么都干不了了。"在男人间的对话里不难听到这样一种观点——孩子的诞生不是什么人生的转折点,而是对他们既有生活方式的一种剥夺,就像他们所喜欢的一切在孩子到来之后都会不复存在一样。

女人们对这件事的态度明显更为积极正面,也会有更高的参与欲望。她们面临着各种各样的期待、恐惧、顾虑，还会收到来自各方的建议。总的来说，女性通常会抱团在一起并彼此分享。

而男人们却更倾向于选择躲藏在自己的舒适圈里——他们更愿意谈论工作上的事情而避免谈论自己的私人生活，更着重于自己的社交角色和职业角色而不是家庭角色。

在准妈妈的眼里一切都会被放大——她们所有行为和想法都会更为饱满甚至夸张。她们的谈话里会充满如"开心""感情""不可思议"和"太棒了"这些字眼，她们还会把"希望孩子是健健康康的""我都等不及向所有人宣告这一消息了""我自己都不敢相信"这样的句子挂在嘴边。

准爸爸这边反而会经常陷入愕然、怀疑、沉默。杰拉尔多，三十六岁，他这样解释他在等待第一个孩子到来时的处境：

> 这一切让我感到很不自在。我的内心在翻江倒海，我无时无刻不在想着将要降临到世上的孩子，以及我就要成为父亲这个事实。我在表面上装得什么事都没有，和朋友同事在一起时继续讨论着那些通常的话题。虽然在表面上什么都看不出来，但我的内心却充满了思绪，而且我总是难以找到合适的词语把想法表达出

来。在得到怀孕消息后的一段时间里，我有时候会整个人都出神得僵住。我的妻子有时会靠近我在我眼前晃动着手问我："嘿，你在吗？你还在线上吗？你怎么魂不守舍的？"她说得对，我虽然人是在她身旁，但是思绪早就飘到别的地方去了。坦白地说我自己都不知道自己在哪了。

推荐影片

怪物史瑞克3

导演：克里斯·米勒 / 许诚毅
动画片，美国，2007，92分钟

在该系列的第三部影片里，史瑞克和费奥娜终于要为人父母了。影片中宣布怀孕喜讯的一幕非常的欢闹喜人，同时也很具有代表性。史瑞克当时正在船上准备与朋友们一起向着远方的目的地启航。费奥娜在岸上，伴随着人群的欢呼和嘈杂声，努力地想向丈夫传达其怀孕了的消息。

思考点

和伴侣一起欣赏这部影片并讨论以下问题：

- 史瑞克在得到费奥娜怀孕消息时的第一反应是什么?
- 在你们看来,他为什么会有这样的反应?
- 一开始费奥娜身边的人们有怎样的反应?
- 另一方面,史瑞克的朋友们有怎样的反应?
- 史瑞克在得知这个消息后做了个怎样的梦?他为什么会做这样的梦?你们在得知自己将要成为父母之后是否做过一些特别的梦?

女人的大脑里发生了什么

准妈妈最需要的就是被认可的感觉。感情上的生疏以及失去丈夫的支持是她们内心最大的恐惧,也是她们焦虑情绪的主要来源。如果在宣布怀孕消息的时候男方表现出疏离或排斥的表现,女性便会产生被抛弃的焦虑感,而这种负面情绪也会对未来母亲与孩子之间的关系造成不良的影响。相反,如果双方能够充分分享将要为人父母的喜悦,双方都积极参与到其中,那么接下来九个月的等待生活将会更为顺利与和谐。

孕期是锻炼一个人理解能力与合作能力的绝佳时机。准爸爸需要在准妈妈生理和心理变化的各个阶段都陪伴在其身旁并予以帮助和支持。

女人的母性本能在怀孕之前就一直存在。和刚刚生完孩子的朋友见面，或者是看到可爱的小孩子都会促进女性体内催产素的分泌，从而激发成为母亲的欲望。但是女性在特定的人生阶段里或是在某些负面因素的影响下，母性本能将会被抑制。这一现象在处于事业上升期的职场女性身上最为常见。然而不可否认的是验孕棒上出现的两道红杠足以让任何女性的内心都发生一系列剧烈的变化。

在受孕两个星期后，受精卵会在子宫壁上着床。荷尔蒙会开始发挥作用，为之后的孕期做准备而带来一系列的变化。恶心的反应以及嗅觉灵敏度的提升是为了让孕妇避免食用可能会对胚胎造成伤害的食物；而睡意的增强也是为了让孕妇减少活动并更多地躺着休息。

最近的一些科学研究发现，怀孕除了会带来荷尔蒙以及体液分泌上的变化，还会让母亲身心都做好准备迎接宝宝的到来。因此如果你们还在期待孩子来临，那么你们完全可以放下心来。这些身体上的自然反应对心理上没有做好准备的女性也同样有效——根据加利福尼亚查普曼大学心理学家的研究，妊娠期内大脑的变化足以让孕妇为将要到来的挑战做好准备。在英语里，人们常用"pregnancy brain"（孕期大脑）或"mommy brain"（妈妈大脑）来描述孕妇的这种状态。劳拉·格林解释道:"孕期对于神经中枢系统发展来说是极为关键的一个阶段。"[2]

在这一阶段里,孕妇体内荷尔蒙分泌的水平甚至比青春期发育阶段的水平还要高许多。

绒毛膜促性腺激素(Hcg)是标志着正式进入孕期的一种荷尔蒙,这种荷尔蒙会导致妊娠期头几个月里的情绪波动和神经紧张;另一方面,黄体激素也会随之分泌并为妊娠带来积极的影响和帮助。正是因为绒毛膜促性腺激素的分泌才会让验孕棒上出现两条红杠,并标志着你们冒险的开始。

男人的大脑里发生了什么

当得知自己将要成为爸爸的时候,男人们心里又是怎么想的呢?刚开始他们的睡眠会逐渐减少,睡眠质量也会随之下降。这可能是自然的进化导致的,好让准爸爸们为以后将要经历的不眠之夜做好准备。对于相当一部分人来说这种睡眠问题也可能是单纯的由于内心焦虑而导致的,这种焦虑在夜间会尤为明显。虽然对导致这

---

[2] 劳拉·M.格林,库特·A.桑德曼,《孕期神经发展——胎儿与母亲的关键阶段》,《心理科学近期趋势》,第20卷,第6期(2011年),第384-389页

种现象的原因还没有定论,但一项采集了600个准爸爸调查样本的研究表明,在得知将要成为父亲的消息后,男性群体的作息规律将会发生变化。有27%(超过四分之一)的受访对象表示在伴侣妊娠期间遇到了睡眠困难的问题。这一数据在外国人群体内甚至超过了50%(外国人样本在总样本内占10%)。而且睡眠困难的严重程度与受访对象的年龄成正比。研究采取了对比控制的方法,发现这种作息失常与受访对象之前是否受失眠困扰没有直接的联系。这也许意味着男性的大脑在这九个月内同样也会发生一系列的变化。

当宝宝在母亲的子宫里逐渐发育的时候,女人心理上和生理上产生的变化是实实在在的,而男人在此间的等待和变化却更像是"虚拟"的。宝宝给男人带来的影响更多地发生在他们的头脑里。正因为如此,人们常常说宝宝是从妈妈的肚子里和爸爸的脑袋里生出来的。对于男人们来说,虽然一切都只是发生在大脑里,却绝不代表着这是件易事——他们需要为自己的各种担忧和焦虑寻求让人安心的答案,这会花费他们大量的时间和精力。而获得可靠安心的答案的秘诀在于不断地交流。交流对于女性来说似乎是一种本能,而对于男性来说却并不是他们的强项——男人们更加偏向于当行动派,更喜欢专注于某件事上以避免情绪和思考的困扰。

但是到了夜幕降临时,男人们安静地躺在床上默默听着自己的呼吸声，他们的大脑得以从日间的忙碌中得到解放，开始寻思那些他们一直在回避的问题，也正是这些思绪让他们辗转难眠并让他们常常在夜间醒来。

如果你们出现了上述的一些症状，不用紧张。要明白这些现象都是再自然不过的，也是有益的——通过这个过程小宝宝已经开始逐渐进入你们的生活，并且与父母间建立起关系。当然谁都希望晚上能睡个好觉，每天能神清气爽地醒来。我们这里有一个或许很有用的建议——在白天的时候把你的所思所想都倾诉出来。倾诉对象可以是你的伴侣，可以是一个已经当父亲的亲密好友，也可以是你的心理医生。如果能做到尽情倾诉，那么相信你会发现在夜晚到来时心里会更平静，睡眠质量也会大大提高。

♀ 妈妈给爸爸的建议

在发现我们怀孕了的时候：
- 当我们向你们惊喜地宣布怀孕的时候，即使你们当时已经精疲力尽或者是在为工作上的事情烦恼焦躁，也请你们表现出哪怕一点点热情。你们可以想象自己是在球场里观看自己心爱的球队在进行总决赛；
- 虽然对事物持消极的态度可能会更加轻松，但还是请你们更加关注积极的那一面；
- 多问问我们在干什么。这能帮助我们更好地相处，增加我们的交流，帮助我们花更多的时间相处，也会让我们感到更温暖。注意：当我们和你们说话的时候，请不要打哈欠或者玩手机；
- 记得给我们买一束花（这次请不要在路边随便买了，请去花店里认真地挑选）。如果你们想给我们再来点惊喜，可以在花里插上一张祝福卡片。网上可以找到很多适合这一时刻的祝福语，我们不介意你们去借鉴一下。当然，如果你们能写一句自己的心里话，那是再好不过的了；
- 如果在你们的心里恐惧战胜了其他一切情绪，让你们无论如何也高兴不起来，那么请你们保持沉默吧。千万不要把我们将要面对的困难（譬如孩子以后要学什么或者要上哪所大学）逐一列出。

♂ 爸爸给妈妈的建议

在发现验孕测试的结果是阳性之后：
- 请不要迫不及待地就马上通知你妈、你姐还有七大姑八大姨们。我不想家里在一小时内就变得像圣诞节聚餐那样热闹。慢慢来，没必要着急；

- 不要期待我们在得知消息的那一刻能说出什么世纪金句。或许以后我们会想到些什么的,但不是在这个时候。在得知消息的那一刻,我们能保持清醒智商在线不作傻笑状已经很不容易了;
- 不用那么着急去把婴儿房腾出来准备好,也不用那么着急上网挑婴儿车,我们还有九个月的时间呢;
- 当然,我们不会禁止你们说话,但请不要总是唠叨个没完。学会在说话和保持沉默之间找到一个平衡。我们还有很多时间来讨论各种话题呢;
- 毋庸置疑,这一时刻非常重要,甚至连开香槟放烟花来庆祝都不为过。但是如果我们什么都没做,也不代表我们就不爱你们,更不代表我们不想要孩子。我们只是在那一刻脑子懵掉了而已。

第二章

等待

♂ 他的视角

这几个星期以来你一直在跟我说你的分娩准备课程是有多么的精彩。

"还好有人发明了这种课程。"你说道,"你也应该经常来参加。"

"当然了,亲爱的。但是如果我每次都跟你一起去上课的话,谁去赚钱买那个你喜欢的挪威设计的婴儿车、那个最舒适的婴儿背带,还有宝宝监听器,让我们在自己房间就能听到孩子的动静?"

"好吧好吧,你们男人都是一个样,成天就只会想着工作。但是你得向我保证你一定要来参加专门为爸爸们组织的课程,不能找借口。"

今天早上我刮完胡子出门的时候，不是往公司的方向走，而是终于要去参加课程的爸爸班——就像你说的，一起参加会更好，爸爸的参与对于孩子的出生来说十分重要。

"我就不明白了，难道我还需要专门的课程来告诉我作为爸爸的重要性吗？难道如果我不来培训培训，我就会在孩子的成长中袖手旁观什么都不干了吗？"

在面对我这个问题的时候你笑了，还反过来问我："那你爸在你成长的过程中都为你做了些什么呢？"

"他总是在忙他的工作，努力赚钱养家，让我一直以来什么都没缺过。我今天所获得的一切成就一定程度上都要归功于他。"

"确实，亲爱的。但我不是在说他对你职业发展和收入上给了你怎样的影响。我想说的是他在当父亲这件事上教过你什么了吗？他教过你当孩子在身边的时候应该做些什么吗？"

"在身边？他怎么可能在我身边？他一天到晚都要努力工作，回家的时候肯定是劳累不堪需要休息的。但是他每天都会在家和我们一起吃晚饭。如果说我从他那学到了什么，那就是一定要和孩子们一起吃晚饭。"

"啊，好极了，"你回答道，"那么说是他喂你吃饭、教你使用餐具、教你不要吃得到处都是，还有吃饭时要好好坐着不能任性咯。"

"这又有啥关系?你想说的是什么?我给你讲的是我青春期时候的事情。那个时候父亲的角色至关重要。他给了我很多的人生指导,让我避免走上歪路邪路。"

"好吧,那么说你要把自己冷藏起来,我得一直等到孩子到了拿驾照的年龄你才会解冻,参与到孩子的成长中来。当孩子醉酒驾驶或者他开着摩托飙车到处惹祸的时候,你才会来介入,把他从歪路邪路上拉回来了。"

"冷藏的爸爸。你想象力也太丰富了。"我暗暗想到,但是我当然不能明着对她这么说。事实上回想起我的成长历程,我父亲似乎确实是在我青春期前一直都处于冷藏的状态。直到我十四岁那年他才从冷冻仓里走出来,真正进入了我的生活。有时候他的干预甚至是有些过分的。我承认我没有太多早年关于他的记忆,更不要说一起玩耍做游戏了。他总是在工作,而当他回到家的时候,也总是太累了,很快就会去休息。

"也许我确实需要好好学习一下,"我高声承认道。其实这样的高声认错让我感觉十分舒坦。"好吧,我会去参加你的课程的。"

"亲爱的,这不是我的课程,这是我们共同的课程——这些课程既对妈妈们开放,也对爸爸们开放。其实他们一开始就是希望夫妻两人一起参加的,只是到后来他们发现几乎没有爸爸去参与课程,才决定加入两节专门为爸爸准备的课程。这样至少你们会来两次而不是一直缺席。"

我绝对不想当你们母子的隐形人。我要在这个家庭里有自己的存在感,我要你们在这一路上都能看到我,而且在这一路上我也会不断地加深对自己的了解。

或许正是因为这个想法,我意识到了和你一起参加课程的重要性。我是发自内心地想去参与,而不是做做样子而已。

走入教室,我看到了其他的准爸爸们。一名助产士给我们讲解了在分娩室里将要发生的一切,并教会了我们一套能帮助伴侣减缓分娩痛楚的按摩手法。

但是更让我感兴趣的环节是聆听其他准爸爸的倾诉。这些准爸爸们和我一样,也会不时地感到将要诞生的孩子为自己带来的存在感危机。

在休息环节里,和另外一位当飞行员的准爸爸的谈话让我感到了无比的安慰。他带着既尴尬又喜悦的表情跟我说道,比起在暴风雨中驾驶满载着数百名乘客的大型客机安全降落,给宝宝换尿布或者洗澡这样的任务更让他感到紧张不安。

确实,对于我们男人来说,不到4公斤的小宝宝比在暴风雨中失控的庞然大物更让我们不知所措。但转过来一想,如果我和这个当飞行员的准爸爸都在经历着同样的恐惧感,那么或许说明这种恐惧感是在第一个孩子降临的时候不可避免的。或许成为父母也意味着我们要学会更好地面对自己内心的情绪波动。与其逃避困难装作什么都没发生，更好的方法也许是学会和他人倾诉并坦然地接受。

我必须要说这一整节课下来，我最喜欢的环节就是在休息时间里一边喝咖啡一边和这位当飞行员的准爸爸交流了。比起从助产士那里学会怎么为你们按摩，我们其实更需要的是心理医生（最好是男医生）给我们做一下心理辅导。或许，我的要求太高了？

♀ 她的视角

我开始去上分娩准备课程了。课程实在是太有意思了。虽然我才刚离开工作岗位没有多久，我已经找到一大堆的事来填满我的日程表了。当我把课程安排念给丈夫听的时候，他竟惊讶得目瞪口呆。

"这难道是个硕士课程吗？"他很严肃地问道。

我跟他说过希望他能和我一起去上课。

他笑着回答道："你觉得我能腾出那么多时间吗？我还要赚钱养家呢！"

我能看到他眼中透露出作为撑起这个家的男人的自豪感。

而我则下了决心要一节课不落地上完这个课程。我想要去认识其他挺着大肚子的准妈妈们，还要找人咨询一下我脑子里满满的疑问。

最近我除了怀孕这件事外几乎没有谈论过别的话题。我的思绪全部都被肚子里的宝宝占据了。我甚至连最好的闺蜜的生日都给忘了。我自己都觉得不可思议——我从来都没这样子过。我那天甚至还给她打了电话借她孩子穿过的婴儿服呢。她或许会觉得我这个朋友实在是不值得交了吧。

我连丈夫的出差安排也记不清楚了，同样的事我有时候要问三遍才能记住。我自己都好奇他是怎么能忍受我这样一个傻瓜在他身边的。晚上我们会一起躺在沙发上聊天，而这时我会哈欠连天——我自己都怕下巴会因此而僵住。我试着变换坐姿来保持清醒，但是他却问我为什么要一边聊天一边做拉伸运动。好吧，你就不要抱怨太多了。

实际上我头脑里充斥着各种各样的思绪。我忍不住要上网查很多的资料。网上有太多有用的信息了，有很多网站我觉得把信用卡在上面刷爆了都值得。

"你知道吗？"有一天晚上我和你说道，"网上竟然有卖婴儿车里用的羊毛垫呢。是真羊毛，不是那种人造毛绒的！"

你同情地看着我，还好我没跟你说价格。我还给你看了一个独一无二的全手工制作桦木婴儿床。当然了，价格也是独一无二的。

我简直是被母性本能附身了，当我出门的时候，我只会和别人谈论我的肚子。

邮差、巡警、商店柜员……所有人都问我什么时候生，连陌生人和男人也不例外。我从未试过如此受人关注，也许是他们觉得忽视一个孕妇是不礼貌的事吧。

"哎呀，这个肚子是尖的，是个男孩吧？"（预言家），"你肚子比昨天看起来下沉了一点啊"（自带镭射测量眼），"你胖得只剩肚子了"（显摆自己苗条），"宝宝在你肚子里跳舞肯定让你情绪高涨吧"（诗人），"天啊，你怎么能受得了那么重的肚子，难道不能早点生出来吗？"（单身老姑婆），"多让人羡慕啊，挺着大肚子的日子真让人怀念！"（怀旧型妈妈），"我能摸一摸吗？"（大胆型），"你应该……"每个人都掏心掏肺地给你建议，就像是专门为你想到的似的。我就此打住了，要是继续讲下去我能讲个三天三夜。

请原谅我进入了自言自语模式。我总是想象你躺在床上怀抱着宝宝，而我则可以在一旁好好地大睡一觉。我现在真的想好好睡一觉啊。

当我从车库里往楼上搬你姐送我们的小桌子的时候，我又想你了。

夜里，我躺在床上，当肚子里的小宝宝闹腾得像足球运动员或者芭蕾舞者时,我抓紧了你的手(为什么我们坚持不去做测试看看到底是男孩还是女孩呢)。

当我双脚冰凉想你来帮我暖暖的时候,你总是还没上床。

有一晚你钻进被窝后就开始用奇怪的目光看着我。你开始爱抚我,而我则在你的面颊上轻抚。我挺着肚子平躺在床上,你侧躺在我身边紧靠着我,并且不停地亲吻着我。

为啥这种时候我还会想着要买哪种宝宝车?!救命啊!我要重新找回做女人的感觉!身体的感觉你快回来,我的敏感带怎么都不敏感了?我感觉整个人像是被麻醉了似的,你的爱抚对我没有任何作用。对不起,亲爱的,我的脑子已经在想产后的事情了。请你平静下来吧。

我们确实有一段时间没有做爱了,我也不知道是为什么。还有四十天左右我就要生了,在那之后我还需要一个多月的时间来进行产后恢复(宝宝的头竟然能从那个地方出来,我怎么想都觉得不可思议)。我向你保证我会打扮得美美的,让你再见识到我的娇媚。或许再过一段时间我就可以去买一件带蕾丝花边的睡衣来提升一下我们的情趣了。

当我在思考这些问题的时候,你还在不知疲倦地试着激起我的情欲。神奇的事情发生了,我的感官竟然又被激活了，我体内想要你的强烈欲望突然爆发了。我觉得这简直就是神迹降临，我的欲望从孕期的沉睡中苏醒了。我又是你的妻子了。我庆幸我没有让你停下来，更庆幸你没有知难而退。我有一种重生的感觉。我喜欢你这种锲而不舍的坚持，我能感受到你在我的体内，我的心脏都要快乐得爆炸了。我们做爱了，而且妙不可言。

今天早上我头一次在分娩课程上想到了你。

"早上好啊。这件孕妇装真好看，你这条瑜伽裤也很不错啊，穿起来很舒服吧？在哪儿买的啊？你之前的肚子疼好些了吗？我给你带了上次和你说过的那本书。我也查了上次你和我说过的那个网站……"

今天的课程讲的是关于脐带还有第一次给宝宝洗澡的知识。今天还来了一位准爸爸，十个人里面只有他一个男人。也不知道他是做什么工作的，竟然能抽出空来上课。挺奇怪的，因为平时我们这儿都是清一色的女人。

我平时虽然想来想去，但是却从来没想到过脐带的问题。一想到要剪去身体上的这个突起物，就让我感觉怪怪的。如果脐带开了怎么办？如果整根都弄出来了怎么办？这跟脐带把我和宝宝连在一起九个月，现在却要由你来剪断庆祝我们的大功告成。我知道你能胜任剪脐带的工作。这都是标准操作，不会出意外的。只要把宝宝洗干净、放进褓褓里，让他好好地待着就好了。

作为回报，我保证会在需要换尿布时挺身而出。至少在咱家，这是妈妈的任务。

再过四天就要轮到你来上课了。你终于肯和我一起来分娩室参加专门为准爸爸们准备的课程，学一些有用的知识了。

当你想到分娩这件事情的时候，你做的第一件事就是准备了一张CD。希望你往里面录了很多重金属摇滚乐吧，因为只有这样才能盖住我的叫喊声。你说这是你准备的一个惊喜……好吧，或许对你和助产士来说会是惊喜，因为那个时候我肯定是没心思去聆听音乐的。你还暗示过到时会带些巧克力以让我们的美妙时刻更加甜蜜。那为啥不带上一瓶香槟来庆祝宝宝的出生呢？又或者直接在分娩室摆上几桌酒席？

我对分娩抱有深深的恐惧。我倒是希望我知道得没那么多，但身边的人却总是不断地对我描述这一恐怖的场景。当我好奇地向生过孩子的人问："生孩子到底是什么感觉？"的时候，我能清楚地看到她们脸上那揭示一切的表情。求求你们，当我问的时候，请告诉我善意的谎言吧！

当我问你我能不能撑过来的时候，你说："当然了亲爱的。所有人都撑过来了。"

确实，亲爱的，所有人都撑过来了，因为女人是如此的坚强。在分娩的时候我一定会牢记这一点的！

♀♂ 挑战

准备分娩的过程也是两个人在心里为将要到来的宝宝逐渐腾出空间的过程。

母亲们在子宫中孕育着宝宝。对她们来说,感受不到宝宝的存在,不在她们的生命里为宝宝腾出空间是不可能的。而爸爸们只有在头脑里才能感受到宝宝的逐渐发育。在整个孕期里,爸爸们的直观感知一直是缺位的。

虽然科学文献中有时会提及拟娩症(Couvade Syndrome,类似于女性的假性怀孕,即虽然确实未怀孕但身体出现如恶心、呕吐与腹痛等症状),但实际上对于爸爸们来说,这九个月里宝宝生长发育的真正场所是在他们的头脑里。

分娩准备课程对于准爸爸和准妈妈双方都是非常有用的。这为他们分享和交流孕期产生的疑惑、恐惧和焦虑情绪提供了一个绝佳的机会。更重要的是,这些课程能让他们在分娩时刻到来时在心理上和知识上有着充分的准备。

在这一话题上,女人们的天性让她们更倾向去深入探讨和研究。相关的专业出版社深谙这一点,所以他们每年都会出版许多新书来满足市场需求。有的女性甚至会患上"信息贪食症",她们会恨不得把所有的相关书籍和文献都读一遍,把所有相关知识的各个细节都了解清楚。

男人们这边却很不一样。他们很少去钻研准备,更多的是采取一种更为"务实"的方式——"兵来将挡,水来土掩。当要用到相关知识的时候,我再去临阵磨枪不迟。"总的来讲,当妈妈们忙于准备,未雨绸缪的时候,爸爸们更依赖自己随机应变的本能。

但是无论对于男人还是女人来说,为分娩这一重要时刻做好充分准备都是至关重要的。分娩准备课程的组织者们非常了解这一点,所以他们经常把课程的名称定为"出生准备课程"——这种名称上的改变对应的是课程特点和课程目标的深刻转变。

在这些课程里传授的内容不再仅限于将要发生在产房里的重要事项,而且还包括了孩子的到来将如何改变爸爸妈妈原有的生活。

过去的课程更多地是以专家讲解的形式为人们传授关于胎儿、分娩、哺乳和产后忧郁症等方面的知识。而现在这种延续了许多年的形式正逐渐被抛弃,取而代之的是自助会形式。这种开放的方式能更好地激励大家进行分享和交流。

现在参与者们更多的是被邀请与大家分享和讨论自己内心的恐惧。对情绪和心理方面的关注逐渐超过了单纯的知识传授。参与者们会逐渐形成一个可以分享他们这一路来喜悦与伤悲、希望与失落、经验与挑战的小型社团。

在以前,这些课程基本是专为女性设计的,只有在偶尔的特设课程上才会邀请准爸爸们的参与。如今这些课程从一开始就欢迎准爸爸们出席,并鼓励他们全程参与。某些机构甚至开展了专门为准爸爸们准备的课程,让他们互相分享和讨论孩子的到来。

如果男人们在等待孩子来临的这一阶段表现出全身心地投入和参与,准妈妈们其实是会感到非常自豪的。但事实是男人们常常会对这个等待的过程不够重视。

男人们典型的言论包括:"我从没听过当父母还要上课呢。"或者"最好什么都不知道,因为知道得越多,到时候就越是什么都学不会。还不如等出生以后再在实践中摸索。"另外一个常用的借口是:"我太忙了,没时间。"男人们其实应该更多地从伴侣身上学习,为这个革命性的时刻做好准备。

一起阅读关于孕期的书籍或者一起参加相关的课程都能帮助双方进行对话,有利于双方就生活和感情上现在和将来的问题展开讨论,为交流自己的内心情绪提供很好的机会(特别是对于男人们来讲)。

> **推荐影片**
>
> ## 一夜大肚（又名：好孕临门）
>
> 导演：贾德·阿帕图
>
> 喜剧，美国，2007，129分钟
>
> ---
>
> 影片喜气十足却又不流于肤浅，讲述了游手好闲的"大男孩"在夜店里遇到女主人公并发生一夜情，却在不久后得知她竟然意外怀孕这样一个故事。影片中的两位主人公性格截然不同，也毫无打算成为长期伴侣，但却决心要承担起责任并把孩子生下来。他们作为准爸爸妈妈所做出的一系列事情足以引起你们的深思。
>
> **思考点**
> - 在影片的哪个片段里男女主人公性格上的差异被展现得最淋漓尽致？
> - 给爸爸们的问题：影片中准爸爸最突出的性格特点都有哪些？你们自己和男主人公有哪些共同点，又有什么不同？
> - 给妈妈们的问题：影片中准妈妈最突出的性格

特点都有哪些？你们自己和女主人公有哪些共同点，又有什么不同？
- 主人公们的哪些行为帮助了他们去接受对方的特点？
- 影片对关于为人父母（或将要成为父母）这件事上向你们传达了什么样的信息？

♂ 男人的大脑里发生了什么

一项英国研究表明，伴侣的怀孕通常会为男性带来积极的感觉，但同时也会引起他们在一系列问题上的顾虑。这些顾虑通常是关于母亲和孩子的健康、两人关系和外部社交关系的变化、财务状况和生活状况的改变，以及作为父亲要知道和履行的职责。

生物医药学上的研究表明通常情况下准爸爸们在伴侣怀孕后的前6个月内会变得更为急躁，而在孩子出生临近时对伴侣变得更为疏离和冷漠。在孕期的最后3个月里，他们的体重会增加，而睡眠和休息时间则会减少。他们通常会对父亲的角色发展出一种"选择性注重"的理解——对于男人们来讲成为父亲最主要意味着为家人承担起更多的责任。

在原始社会里，这种责任对于父亲们来说意味着家里又多了一张嗷嗷待哺的嘴巴。他们很少去思考孩子的到来在感情上能为自己带来多少快乐。

为了不陷入这种原始时代遗留下来的思维陷阱，双方在孕期的交流应该更注重于讨论宝宝的到来对大家感情上的意义，应该将话题引到期待中的美好事物和美好生活上。

为了帮助准爸爸们进行健康的"心理怀孕"，双方应该努力发现男方在当爸爸这件事上的优点，而尽量忽略他们的弱点。男人们本能上更倾向于关注作为父亲的责任与义务——为孩子的成长提供物质保障（虽然在女权革命后这一点有所减弱）。妈妈们则应时刻提醒他们应该更多地关注自身，只有这样准爸爸们才能更好地克服自然进化遗留下来的缺陷，同时也能引导他们更好地调整自己的感受，并塑造自己更为丰富的人格。

♀ 女人的大脑里发生了什么

成为母亲会导致一个女人的大脑发生革命性的变化，对女人在身体上和心理上都起着深刻的转变作用。即使女性全身心地投入于其他事情上（譬如说职业发展），这种转变还是会唤起她们刻写在基因里的母性本能。

在受孕后的头4个月里，黄体激素的分泌会上升到平时十倍甚至百倍的水平，对孕妇起到镇定的作用。同时，雌激素的分泌也会激增，让孕妇变化为完全不同的一个女人。在受孕的几个星期后，强烈的睡意会侵袭着孕妇，她们也会对营养和休息有着比平时更多的需求。总的来说，她们现在会更容易疲惫。

5个月的时候，小宝宝会开始闹出动静，这会激发母亲们的爱心——荷尔蒙的分泌会让母亲感到温暖和喜悦，这种喜悦会转化为对孩子浓浓的爱。

在孕期的尾声，母亲的大脑会发生萎缩。学者们认为这种现象的产生是因为在此期间女性的大脑正在经历重大的变化，其程度甚至比青春期还要剧烈。这时女性的大脑就像是一个正在进行全面重建的大型工地——大脑中的某些部分必须先要进行拆除，才能为新发展出来的功能部位腾出空间。

在分娩前的几个星期，女性的大脑就会重新开始生长，为迎接新的挑战做好准备。大脑会在原来的许多机能（譬如与处理工作相关的部分）上有所减弱，而在与孩子的出生和成长密切相关的功能上得以加强。

在最后的一个月内，皮质醇这种荷尔蒙会大量地分泌，能提升孕妇对抗压力的能力让她们更好地处理焦虑情绪。这个时候已经是万事俱备，只欠东风，女性已经在准备就绪中等待最后的冲刺。

女性们应该如何与男伴们分享自己的变化历程呢？共同的生活和身体上的亲近有助于准爸爸和准妈妈们展开持续有效的交流对话。母亲身体上和心理上的变化对夫妻关系有着深刻的影响——在刚开始的几个月里，她们对关心、照顾和帮助有着强烈的需求。她们会开始很早就入睡，这时男性们应该在日常生活的细节中尽量给予妻子照料，譬如在买菜时提供帮助，当妻子在沙发上休息的时候给她们盖上毯子。

虽然孕妇不是病人，但是一定程度上的谨慎和照顾是必需的，特别是在一开始的时候。

此外，双方可以一起分享小宝宝的动静。爸爸大脑里的"受孕"活动也可以在这一阶段得到客观上的辅证——当他们看到超声波检查时孩子的图像时，小宝宝的确实存在会为爸爸们带来无比的快乐。

在最后的阶段里，妈妈们可能会在生活自理的各个方面遇到困难——一方面她们要好好地保护胎儿；另一方面她们希望成为一个好妻子。她们对自己吸引力下降的担忧会在一定程度上导致焦虑的情绪。

其伴侣能待在身边并进行亲密接触，对孕妇来说是不可或缺的。男性在这一期间需要做出切实的行动。

孕妇的性欲在九个月的孕期里会根据每个阶段的不同而上升或下降。

如果没有特殊的情况，性爱是表达两人团结和感情最自然和最有力的方式。虽然孕妇生理上的变化通常并不会成为两人性生活的障碍，但是其他的一些因素难免会为两个人的热情浇上一些冷水。

在不愉快的事情发生的时候，两个人的交流就变得异常重要了。对女人来讲，压力和愤怒是很强效的性欲抑制因素。处于担忧或者愤怒状态下的女性是很难到达高潮的。负面的情绪在这种重要时刻会让双方渐渐疏远。因此两人保持亲密、诚恳而开放的交流尤为重要。

有时性欲冷淡的背后隐藏着的是某种恐惧或烦恼。如果不能正确地面对这些负面情绪，那么两人的关系可能慢慢地产生裂痕。

孕期最重要的一条规则就是多交流。这也是因为，真的等到宝宝出生后，留给夫妻二人独自进行交流的时间和机会便会大大减少。

除了特殊的困难障碍或某些孕妇会遇到的抑郁症状外，妊娠期总体上来说是一个让人愉快的时期——尽管会在生理上让人疲惫，但大多数人还是非常享受这一段时光的，甚至将其称为第二次"蜜月"。

奥地利的玛丽亚·特雷莎女王在20年的时间里一共生了16个孩子。她说"生命里最悲伤的时期"就是那些她没有处于孕期的冬天了。

♂ 爸爸给妈妈的建议

- 没必要每天晚上都要求我们给你们从头到脚按摩一遍，特别是要按摩会留下妊娠纹的部位。一个星期一到两次就足够了。
- 不要一知道自己怀孕了，就觉得自己的身体要被娇惯着。这样既没有必要，也没有好处。即使你们怀孕了，挺着大肚子，我们男人还是喜欢和你们做爱的。这对你们和宝宝都不会产生危险，而且还非常美妙，能很好地增进我们之间的感情。所以如果你们能接受，那么在我们偶尔想要的时候请尽情放开来吧。
- 你们圆鼓鼓的样子确实和原来很不一样，但是也没必要成天哭天喊地。你们因为长胖了或者原来的衣服穿不下了而每天抱怨在我们眼里看来真的没什么意义。如果我们决定了和你们，而不是和邻居家的女人生孩子，那么说明我们对你们身体上的变化早就做好准备了。我们无论如何都会爱你们的，或许还因此更加爱你们呢。
- 如果可能的话，请你们尽量减少去商店或者逛网店的频率吧。没必要把所有婴儿车、婴儿座椅和婴儿床的牌子和型号全部都对比一遍。有时候多花几百块钱而省却许多辛苦的搜索对比是很值得的。
- 我们承认，让我们放弃晚上的足球比赛或者其他周末的业余活动都是不容易的。即使你们挺着大肚子，希望我们随时随地都陪在你们身边，我们还是会希望继续我们的兴趣爱好的。我们做一个约定吧——如果你希望我们放弃这些爱好来陪你们，好的，我们会做到的，也许我们还会因此而很开心。但是如果你们让我们去了，然后在我们回家的时候哭着对我们抱怨："你一点都不理解我，你不爱我了，你这个没良心的！"那么我们很可能也会怒火中烧，最后慢慢成为你们嘴里说的那个样子。总而言之，如果你们有什么对你们来说真的很重要的要求，请你们坦白地和我们说，我们是愿意为你和孩子做出任何牺牲的。

♀ 妈妈给爸爸的建议

- 即使我们变胖了，胖到你都搂不过来，也请要让我们感到自己还是很迷人的。
- 我们很喜欢散步，这对我们的身体十分有益。但是爬山和跑步我们就真是消受不起了。请照顾到我们现在的身体状况，选择些大家都适合的活动。
- 如果你们能偶尔帮忙做做家务，那么我们保证你们认真干活的样子会永远被我们记在心里的。
- 请敦促我们不要总是在讲关于怀孕这件事。如果我们去和朋友们一起吃饭，我们允许你们在桌子下踢我们来进行提醒。但是请你们踢的时候轻点，我们还有身孕呢，小宝宝还在肚子里发育成长呢。这真是一种美妙的感觉啊，谁知道我能不能学会给孩子换尿布呢……啊！好了，该换话题了。

- 我知道这点有些难做到，但是当我们诉说我们感受的时候请你们装作很感兴趣很喜欢的样子（具体请参考你们给家里刷墙或者看球赛时的样子）。

第三章

亲爱的，我羊水破了！

她的视角

女人分娩第一条规则：远离那些想告诉你包括侧切或是胎盘颜色等所有分娩细节的女人们。她们每两个人中间就会有一个给你描述当时她们身上是如何压了足足五个人（包括医院值班的接线员）的重量才成功把孩子生出来的。每次我碰到这些单口相声女王的时候我都会找个借口溜走。"这是你第一个孩子吗？""你想不想知道分娩的时候都会发生什么？"好了好了，请让我静静地享受无知的幸福吧！我在准备课程上已经把所有关于分娩的知识都了解得很清楚了，完全不需要你们这些添油加醋的描述。

关键时刻终于快要到了——已经超过预产期六天

了,现在每三到四个小时子宫就会收缩一次。太刺激了!我们的宝宝要什么时候才会出来啊?

当晚我起床上完厕所洗手的时候,我发现我的双腿都湿了。我看到地上全都是水,就跟下过暴雨一样。

"亲爱的!!!"

你马上醒了过来:"怎么了?你还好么?"

"好极了!我觉得我是羊水破了。"

"几点了?"

"我没表,外边太黑我看不到。"

"那我们现在该怎么办?你还感到有收缩吗?"

"没了。但是我觉得我们现在要去医院了。课程上是这么说的。"

"好,包已经拿上了,咱们快走吧。"

"要不等等我把衣服穿好?"

"你能行吗?"

"没问题。你呢?我觉得你有点太紧张了啊。"

"我?开玩笑吧。我一直在想象你会在夜里羊水破掉。"

"说的好,我还困着呢。"

我们来到了医院。我们一直微笑着注视对方。我们对这一时刻已经想象过非常多次了。我觉得我们就像是电影里的主人公,而现在拍摄的正是最重要的一幕。我换上了产妇裙,睡衣有点让人不舒服。医生来探看过了，说宫口还没有开始扩张。医院给我们安排了一个待产房，旁边的一张床是空的。房里现在只剩我们两个人了。

你关怀备至："你需要什么东西吗？我能帮你做些什么？"

我很好，我甚至一点都不疼。助产士说我们可以去爬楼梯。我们去吧？我扶着你一口气走上了四楼，然后又走了下来，我们就这样在楼梯上来来回回地走着。你知道我们会一切顺利的，对吧？

我扶着你的手臂休息。你就着我的步伐支持着我，并一直注视着我。在爬第三趟的时候我们都忍不住笑了起来。在爬第五趟的时候，我们在自动售卖机那儿停了下来买了两瓶可乐碰杯庆祝。

夜晚赋予了这一刻一种神奇的气氛。仿佛整个楼梯间都是属于你我二人的。

医生再次来巡房。这次子宫扩张了一厘米。

"啊！"

"亲爱的，怎么了？"

"收缩了一下。快了。你算好时间。"

"疼吗？"

"有点，但还行。记得带上装干净衣服的包。"

正像课程中教到的那样，收缩一次接着一次。我感到肚子明显硬了起来。我要停一会，收缩的时候会连续一分钟很疼,而过了之后就又好了。你在我身边踱着步。幸好你在我的身边。我们谈论着昨晚看过的电影……啊,疼!不疼了。我们继续谈着我们那次湖边上的浪漫晚餐……啊啊,好疼!又不疼了。我们还谈着今年要带小宝宝一起去哪里度假……啊啊啊啊,疼死了!谈着你今天晚上准备吃啥……啊啊啊啊啊啊啊啊,受不了了!这到底什么时候能消停啊!

我们回到了房间里。

"要不我放点音乐?"

"好啊好啊。"啊啊啊啊啊啊啊,疼疼疼!呼,终于又停了。

我注视着你的眼睛,感觉到你所有的注意力都集中在了我身上。我从来没有见到过你现在这样的眼神。你看起来既坚强又脆弱。我很喜欢你这个样子。

"三厘米。打催产素!"助产士命令道。

我吊上了点滴。现在我几乎已经掌握好节奏了——先是三分钟的收缩,然后是一分钟的平静。我忽然觉得很想聊天。我又问你要了一颗你准备的糖果。

啊啊啊啊啊啊啊啊啊啊!天啊,他们在点滴里都加了什么东西?我紧抓着你的手。这次的收缩比之前的都要强烈。之前的收缩比起来只能算是按摩了。我用几乎失焦的眼神看着你,我觉得我快撑不下去了。你说得对,我其实应该做镇痛注射的。我去问助产士现在还来不来得及，但是被告知已经太迟了。现在子宫扩张已经到六厘米了。

难以忍受的疼痛来了又去，痛苦的程度一时升到顶点，过一会又恢复到零。我觉得我都快看不清你了。我歪着头闭着眼在待产床上坐着，我现在不想再说话了。助产士建议你在我宫缩的时候帮我按摩。你照着做了，你那有力的双手真的给了我很大的力量。继续，继续，舒服多了！

我要去一趟厕所。我一只手扶着点滴架，看起来就像《出埃及记》里的摩西一样。继续按摩不要停！你要跟我一起去厕所，继续按摩！我闭着眼睛，在宫缩间歇时一切都非常平静，我甚至能感到丝丝睡意，但是也只能持续短短几秒而已。继续给我按摩！我思绪已经模糊，什么都看不见也听不见，你和我说话的时候我也只是点点头作为回应。但是我需要你继续给我按摩，我快要疯掉了。这是我生命里最难熬的时刻了——扩张到九厘米了。

要生了。助产士让我躺在产床上，而你在一旁一直对我嘘寒问暖。我们周围聚集了一大圈人。不疼的时候我会睁开眼睛，但却没力气说哪怕一句话。这种折磨我再也不想遭受第二次了。我突然想打退堂鼓。我连思考的力气都没了。

"用力！"

但是该怎么用力啊？我口干舌燥。你握着我的手，轻抚着我的手背。你说："加油宝贝，快好了。"我努力忍住没有爆出脏话。

随后我慢慢掌握了节奏，开始用腹肌的力量推挤着。一切又都不一样了。这种疼痛和之前的完全不一样，我觉得要受不了了。如果可以，我愿意举白旗投降，这完全是超乎我能忍受的程度。但是我还是继续坚持着。推挤开始耗尽我全身的力气，但我还是能感觉到你在我身边陪伴着。即使你现在对于我的痛苦也是爱莫能助，我还是感到十分的欣慰。可是现在我无法向你表达这种欣慰，现在还不行。

然后，一切都结束了。那一瞬间我们就像到了天堂一样。随着最后的一推宝宝终于出来了。我能听到他的哭声。助产士把宝宝放到了我怀里。他一双可爱的小眼睛对我眨巴着，我身体的所有感官在这一刻又被重新激活了。我觉得自己就像狮子一样充满力量，而且也不再感到任何的疼痛了。我感觉像是经历了重生。你靠了过来，开始不断地亲吻我，同时流下了喜悦的泪水。我们相视片刻，然后都满足地笑了——整个房间里充满了美好的能量。

我怀抱着宝宝，他实在是太可爱了。之后他们把宝宝用襁褓包了起来，然后把他放进了你的怀抱。我看着你们，也想站起来和你们一起载歌载舞。可惜我现在还在高翘着双腿等待胎盘脱落。

你高兴得简直是熠熠生光。你们把孩子抱出了产房，放到监护室去了。你腋下还夹着我装衣服的袋子呢。

在离开产房前，你和我说道："你实在是太棒了！"

分娩这个过程完全否认了男女平等这一说。所有的脏活累活都是我来做了。你虽然全程都陪在我的身边，但是所有的功劳和荣耀都还是我的。你一直在像伺候女王一样地伺候着我，并为我的光辉时刻当最好的见证人。你现在可以向全世界宣告我成功了，我并没有退缩（我又能怎么退缩呢）。你目睹了一切，你的眼神清楚地告诉了我一件事——我当妈妈了。

♂ 他的视角

那天半夜的时候你的羊水破了。我们飞速地钻进了汽车，飞驰到了医院。在开车的时候我提心吊胆，怕你会要在车上分娩。我脑子里想象的只有一个画面——在这漆黑一片的马路上，你大声地哭喊着，却没有任何人能帮忙，只有我一个人来帮助你分娩。好了，最好还是别想了，实际上你看起来对一切都在掌控之中。这时反而是你开始安抚我让我不用着急，说车可以开得慢一点。

我们到了医院后，助产士让我们住进了待产室。她开始给你讲解指导，并开始为接下来的几个小时做好准备。她朝我瞥了一眼，然后问你："这个爸爸值得信赖吗？一会他不会直接晕倒吧？"

我真想给她一巴掌。她以为是在和谁说话呢？从进入医院的那一刻起，我就感觉到大家都在把我当成是一个附属品而已。幸好你接过话茬："您不了解他。我的丈夫可是个坚强的男人。"

我终于又找到了自尊，助产士也貌似开始对我刮目相看了。

我们在一间待产室里安顿了下来。你有一张床可以躺下休息，但是你更愿意站着等待。宫缩有规律地侵袭着你，每次宫缩的时候，你都被疼痛肆虐得撕心裂肺。所有人都说这是一种难以忍受的疼痛，而我现在也确确实实能通过你脸上的表情感受得到。

如果说有什么让人难以忍受的事，那就是我在你身边看着你遭罪，却又束手无策。我好奇你为什么不想做无痛分娩。你坚决地和我说："我要用和我妈一样的方式来生第一个孩子。"

我不明白为什么你们女人有时候会有这种强迫症。如果有正常分娩和无痛分娩这两种选择，我想都不用想就知道自己会选哪种了。人们发明了麻醉是有原因的。感谢上天我们不用再像原始人一样生活，我们应该利用好这些科学进步啊。

现在这种爱莫能助的状态让我感到非常无力，我还没有适应过来。在别的情况下，我肯定会使出浑身解数来说服你的。但是现在我看着你被疼痛折磨着，也只能选择沉默。我从来没想过现在这种处境才是最让人难以忍受的。

随着时间的流逝，我慢慢学会了面对这种无尽的挫败感。体内的肾上腺素分泌水平也慢慢地降了下来。我现在可以更为平和地照看你陪伴你，而不只是在一旁摆出担心的表情而已。

在每一次宫缩期间，你都会陷入沉默并进行着深呼吸。助产士每过一段时间就会进来观察一下进展。每次她都只会说短短的一句话："很好，一切顺利，但是我们宝宝诞生的时候还没到。"我们的宝宝？才不是她的宝宝呢。那是我的宝宝，你的宝宝，我们的宝宝，不是你和助产士的宝宝。

你开始让我给你背部靠近肾脏的地方进行按摩。我简直不敢相信——我竟然也可以做些什么出一份力！我安静地照做着。我不时地问你："怎么样？"然后意识到其实这是个毫无意义的愚蠢问题。

你只是回答："继续这样。"然后就再次陷入沉默。

当助产士再次来检查的时候，事情起了变化。"现在是时候了。"她宣告着。她叫来了医生做最后的确认，然后马上把我们安排到了另一个房间里。

他们让你躺了下来，双脚朝天分叉着。气氛开始紧张了起来。他们先是让你不要用力，然后过了一会才开始让你用力推挤。你照着医生的指导做了。我能看出来你虽然很疲惫，但还是坚强地坚持着。我决定在产房里陪伴在你身旁，这样我能握紧你的手，抚摸你的脸，给你最需要的支持。我的爱抚能让你感觉到我就在你身边。你要继续加油啊！

助产士问我要不要继续看孩子分娩的过程——现在已经能看到宝宝的头部了。我感到有点不知所措。分娩准备课程上老师和我们讲过，有些男性在观看整个分娩过程时会感到不适。但我现在不在乎那些细节，我只是想要陪伴在你和宝宝的身边。所以我决定留下来。

我就在这混杂着你的喊叫、助产士的催促和周围人们的躁动的房间里，聚精会神地关注着你，等待着那句标志着我们人生转折点的话："生出来了！是个很帅的男孩。"

我们的孩子伴随着你的哭喊声终于来到了这个世界上。助产士把宝宝包了起来，放到了你的怀里。我可以清楚地看到你们俩的脸。然后我就开始哭了，我激动得不知道该说什么。全世界好像只剩下我们三个人了——你、我，还有我们的小宝宝。

各种画面开始在我的头脑里飘过。我想说些什么，却又什么都想不到。我忍不住一直地哭。我头脑里现在只回转着一句歌词:"我知道快乐的源泉在哪里。"这句歌词在我的脑海里不断地循环。你疲惫地坐在那里和我说着些什么,但是我却什么都听不到。我想为你抚平之前的疼痛和疲惫带来的折磨,可我知道这是不可能的,我现在唯一能做的事情就是更加爱你了。

突然,不知道从哪里来的一股焦虑感让我坐立不安。

"小宝宝怎么样了?"我开始问道。

"一切都很好。"

"一切健康吗?"

儿科医生走到我跟前和我说:"冷静一下。您的宝宝既可爱又健康。简直是棒极了。"

棒极了,这是真的。在这一刻我感觉棒极了,我仿佛能感知到整个世界!

♀♂ 挑战

9个月里的各种期待和幻想都将随着孩子的出生变成摸得着听得见的实在。在这一刻,所有细枝末节上的分歧都不再重要。这短短的几个小时里聚集了焦躁与恐惧、快乐与痛苦、坚强与脆弱。

产妇对分娩带来的疼痛其实都非常了解。她们在孕期时就已经从别的妈妈那里听到过无数次的描述了。或许她们另外还读了许多相关的书籍、上网查过很多的资料，又或者参与过一些关于分娩的课程。但是她们还是会感到提心吊胆——在她们身前是幸福的天堂，而身后却是无尽的深渊。她们总是会怀疑自己能不能渡过这个难关，但同时心底却是无比坚定的——毕竟她们也是以同样的方式来到这个世界上的；更重要的是，作为女人她们早已预见了这一时刻的来临。

在心底的某个角落她们还是藏着自己的恐惧。这种恐惧源自于未知的不确定性，更来自于对宝宝健康安全的担忧，以及产房内所有人对她完成任务的期待。

在短短的几个小时里女性们会经历她们身体上最剧烈的变化。孩子会从妈妈的肚子里出来，而且妈妈的子宫——这个过去九个月里作为胎儿生长发育提供场所和营养的重要器官，也会重新找到化学上和荷尔蒙上的平衡点。

宝宝的出生让妈妈的身体重新回到了原来的样子。在接下来的几个月里，妈妈身体器官和组织上的扩张会迅速收缩恢复原状，并只会留下微小的痕迹。在肉眼看不到的地方，妈妈的荷尔蒙分泌以及化学神经介质也会经历剧烈的变化。

最强烈也是最深刻的变化恰恰发生在分娩的时候，产妇们忍受分娩的痛苦与疲劳的能力会大大提升。

当子宫收缩逐渐加强，疼痛达到前所未有的程度时

（分娩带来的疼痛被认为是人类疼痛等级的极限），产妇的神经中枢系统会促进身体分泌大量的胺多酚。胺多酚具有两种主要功效——它既能减少疼痛的感觉，同时也能让人感到快乐和健康。

这种效应在孕妇分娩时并不会充分起到作用，而是在孩子出生之后才会一波一波地逐渐显现。当产妇怀抱新生儿躺在产床上，丈夫的手轻抚着她头发的时候，她才会感到无比的喜悦。这是一个完美时刻——一切都会恢复过来，之前的痛楚和劳累都会被很快地忽略掉。

与此同时，男人们也会通过陪伴、关心、坚持经历着他们自己的变化。对于男人们来讲，参与分娩的全过程是一种对他们勇气和力量的见证。这种勇气和力量并不亚于产妇所表现出来的——虽然他们在身体上不用遭受像产妇一样的折磨，但是他们要学会如何在伴侣哭喊和哀号时面对和控制自己的无力感和挫败感。这种历程并没有任何标准的指引，也没有人可以进行辅导，只能靠男人们自己去承受。

这对男人来说是一种莫大的考验。在日常生活里男人们喜欢掌控，喜欢通过制定好的计划去达到目标。但在这个时候这一切都不适用了，男人们只能站在一边，失去对事情的控制而任其摆布。他们唯一能做的就是学会什么都不做，静观大自然展示它的威力，让一切顺其自然。

推荐影片

初试啼声

导演：吉勒·德·迈斯特

纪录片，法国，2007，100分钟

影片讲述了10个女人准备分娩的故事。导演对镜头的灵活调动将主角们心理变化的张力生动地展现了出来。影片里的准妈妈们居住在世界各地——法国、越南、巴西、坦桑尼亚、日本、尼日尔、西伯利亚、墨西哥、印度和美国。她们有着不同的文化背景，却要在这一时刻面对女性共同的经历。

每个准妈妈都会根据其所在地的传统来准备这件人生大事。她们分娩的场所也是千差万别——沙漠中央、家里、医院，还有泳池。

电影让我们从不同的语境去了解分娩这件事情。一方面分娩的过程都是大同小异的；而另一方面这一过程却能以千变万化的方式进行，让人不禁深思。

观看这部影片可以帮助我们更好地面对分娩

这一将改变我们一生的挑战。

思考点
- 在影片里描述的各种经历中,你觉得哪种离你们的现实生活最接近?
- 另一方面,你们觉得影片里的哪个故事离你们的现实生活最遥远?
- 每个故事都有哪些方面震撼了你?
- 你们决定以怎样的形式度过分娩这一历程?
- 你们觉得你们所在的社区和你周围最亲密的人将会以怎样的方式参与分娩这件事?
- 影片中所描述的各种仪式里,你最喜欢哪一个?

♀ 女人的大脑里发生了什么

分娩是女人一生中最艰难和重要的挑战之一。催产素在这一过程里起到了至关重要的作用——正是这种荷尔蒙的分泌导致了子宫的收缩。然而催产素的分泌会受到许多不同因素的影响。信任感和安全感会促进催产素的分泌，而威胁感则会抑制其分泌并提高孕妇的压力。伴侣的陪伴以及心灵上的交流有助于增进产妇的健康，从而提高催产素的水平。

许多女性是在产房里才首次了解到相关知识的，而且她们通常不会将催产素和快乐联系起来。这主要是因为催产素会导致宫缩并为她们带来痛楚。

催产素实际上在我们的生命里起着不可忽视的重要作用，正是催产素让人们能够与他人保持亲密的关系。人们常常把催产素称为"爱的荷尔蒙"。催产素帮助我们维护亲密的关系，并为我们带来被爱的幸福感。也正是因为有了催产素，我们才能获得性高潮，以及与伴侣和后代建立关系。与伴侣性器官的接触，又或者是看到、听到甚至是想到所爱之人，都能促进这种荷尔蒙的分泌。

反过来讲，我们通过催产素的作用能在身体上确确实实体会到亲情和爱情带来的快乐，这促进了人类走向一夫一妻制。你们可以和伴侣一起做这样一个实验——

回想一下你们在一起最快乐的时刻，然后想一下有他/她在你身边是多么幸运的一件事，最后在这种快乐中向对方大声说："我爱你！"你们感受到体内催产素的分泌了吗？

分娩对于女性来说是至关重要的一种体验，她们会发现自己竟然能将一个婴儿健康地生出来。和宝宝第一次触碰时母亲的各种感官都会被放大。即使经历了身体上的劳累和疼痛，她们还是能马上充满能量并开始照顾孩子。母亲们会发展出一种特殊的嗅觉能力，这种能力让孩子的味道深深地印刻在她们大脑里。孩子的味道就像一种化学踪迹，能让母亲们通过气味就认出自己的孩子，母亲的保护本能也会被激活。再过一段时间，她们甚至能在一群新生儿中分辨出自己孩子的哭声。她们的空间记忆力会有所提高，这是因为情绪能量的激活能让母亲们的记忆更加深刻。她们同时会变得更为灵活，更具有适应性，而且更加勇敢。总的来说，随着分娩而来到世界上的不只是一个新生儿，还有一个全新的女人。这是一个让自己变得更优秀的绝佳机会。

这和热恋是一种非常相似的体验，大脑的理性功能部分会让位于感性功能部分。母亲会很快地与宝宝建立起情感纽带——身体上的亲密接触与哺乳的过程以及体内催产素、多巴胺和催乳素的分泌都会不断地加深母子之间的联系。

宝宝和妈妈之间的手势和眼神交流可以编写出一曲交流沟通的华美乐章。这些互动方式自古以来就是女人母性的本能。

爸爸们则会协助母子间的交流，并为这些美妙的时刻做见证。当男人们见到自己宝宝时大脑也会产生一定程度的变化，并感受到强烈的情感。然而男人的首要任务还是照顾好他的伴侣，陪伴在其身旁欣赏并延续她的母性。

♂ 男人的大脑里发生了什么

在面对这个命运中最重要的时刻时，男人们最先想到的也是最重要的问题就是："我要不要进产房？"其实进入产房陪伴着伴侣，全程参与分娩并见证孩子的诞生，将会成为男人们一生中最宝贵的体验之一。

从另一方面来看，男人也应该在整个分娩过程中提供各种各样的帮助。这种参与在我们的父辈身上是罕见的。爷爷辈们通常会像往常一样去工作，然后在某一时刻通过报信人才知道自己孩子的诞生；而爸爸辈们则通常是在产房外的走廊等待时被告知好消息的。他们一般都只是处在等待状态中并只在脑海中思索和想象着，而很少亲身参与整个过程。

分娩自古以来（将来也一样）就是女性的专利，男性总是被拒之门外。因此在最近的十年里，人们着力研究出与过往不同的新型分娩仪式。二十一世纪的男性们已经可以选择进不进产房了，这一发展和变化其实具有非凡的意义。

对于这些有选择的男性们来讲，他们的困境在于不知道自己能否在如此强烈的情感冲击下把持得住。有两个具体的问题是最让他们感到恐惧的——伴侣所要经历的疼痛和折磨；以及分娩过程中的血腥场面（包括流血、组织和肌肉撕裂、体液流出以及胎盘排出等）。当然以上这些都比不上宝宝的诞生重要。但是男人们还是会执着于保持自己的自尊，希望避免出洋相。他们会在脑子里想："如果我晕过去怎么办？如果我被吓傻了呢？看到我老婆正在分娩的阴道后，我会不会以后对她失去性趣？"

以上的这些问题都不应该被低估，也不存在事先准备好的标准答案。唯一的办法是亲身经历，然后自己去发现答案。但毫无疑问的是，让准爸爸们了解关于分娩的知识，告诉他们分娩的具体步骤和关键事项，以及他们可以选择的选项（譬如说他们可以选择站在产妇的背后观看，也可以选择正面观看），都能起到很大帮助。他们了解得越多，心里也就越有底，同时亲身参与的积极度也会越高。

进入产房后，男性们需要在焦虑感、保护欲以及对情绪的本能规避（哎，这是男人基因里决定的）间找到平衡。许多人会选择使用一些物品来帮助自己分散注意力（譬如拿录像机把过程录下来）。这种做法有助于解决一些常见的问题：

- 不知所措？那我就录像吧。
- 感情冲击太过强烈？录像机的屏幕可以为我充当一层缓冲。
- 害怕周围的人察觉到我的焦虑感？我可以藏在机器后面，这样别人就看不到我这儿发生什么了。

或许男人们应该明白生命中的重要时刻都是伴随着强烈的情感冲击的（有时甚至会强烈得让人失控）。他们应该学会去接受、感受、交流和分享这种情感上的体验。

男人的大脑在这一过程中也会变得更为温和，更懂得去了解新生儿的需求，而不是被其他的思绪分散精力。亲身参与孩子的诞生事实上也会改变男性的荷尔蒙分泌水平，让父亲与孩子的关系更为亲近。在本书的下一章里，会有对这些变化更为详细的介绍。这些变化从分娩开始就会一直地持续并最终在男性的大脑里固定下来，但是所有这些变化的前提条件是男性的欣然接受。

♀ 妈妈给爸爸的建议

- 我们需要你们在产房里陪着我们,起码在我们疼得受不了的时候可以有人给我们骂两句。我们知道这个要求有些过分,但是我们也知道你们是很坚强的,不是吗?
- 如果可以,请你们保持安静。特别是当我们因为疼痛而失去理智的时候。请不要在那个时候和我们说:"亲爱的,小宝贝,我的公主,你美极了……"这些甜言蜜语请留到以后我们有闲情逸致的时候再说吧。
- 如果你们没有确实的科学证据,千万不要和我们说只差一点了。
- 请你们别在产房里晕过去。起码别在宝宝出来之前就晕过去,把两脚朝天的我和刚出生的宝宝晾在那儿。即使你们承认剪脐带这件事会让你们觉得很不适,你们在我们心中的英雄形象也不会因此打折扣的。
- 当我们抱着宝宝的时候,请你们专心的观赏,并感谢上天你们是多么的幸运吧——你们现在就能把孩子抱出产房,向全世界展示你们的杰作了,而我们却还有好长时间才能恢复呢。尽情享受你们的特权吧!

♂ 爸爸给妈妈的建议

- 对的，我们除了站在那里陪伴你们之外什么都做不了，但这并不代表我们没有积极地参与其中。你们总是说："你不明白的""你根本不知道我都在经历些什么"，甚至是"你们男人根本不知道生孩子要遭多大的罪"。总说这种话对谁都没有好处。
- 助产士们不要从我们一进产房就把我们看成是累赘。她们总是"让一下""那边去"地对我们呼来喝去。你们可不可以让她们明白你们需要我们在身边？你们可以和她们说："我的丈夫现在陪在我身边对我来说很重要。"
- 当重要时刻来临时，我们不想听到别人和我们讲述有些父亲是怎么因为受不了眼前的场面而晕倒在地的故事。你们这些准妈妈和助产士们最喜欢的就是说这些故事了，特别是在看到我们表现得有些紧张的时候。你们就不会说些别的吗？你们完全可以讲讲笑话什么的啊。
- 有时候我们进产房的时候会带上两块面包、一瓶啤酒或者是一张音乐CD。这能在陌生的环境下给我们带来些安全感。当你们待产的时候，我们也会很饿的。让我们吃吧，这不代表我们是麻木的冷血动物，我们只是饿了而已，而且及时补充营养也会减少因低血糖而晕倒的可能性（请参照上文）。
- 如果你们不喜欢我们在分娩的时候录像，那么请马上告诉我们。你们最好是提前就告诉我们："我不想在我生孩子的时候被录像或拍照，等我生完了再拍。"我们一定会抑制住当纪录片导演的冲动的。我们手里的录像机只是让我们感到我们能做些什么的工具而已。如果你们不喜欢，我们完全可以找点别的事情做。

第四章

终于到家了

♂ 他的视角

你们终于出院了。我真想你们和我一起在家里。孩子出生后的两天里我都是自己回家的,这让我有点难过。我总是洗完澡后就累得直接在沙发上睡着了,会一直睡到第二天早上。

这两天我的确是精疲力尽了。自从你羊水破了开始我就没怎么合过眼了,而且最近这几个月我也都睡得不怎么好。我真的是累晕过去了——昨天晚上我睡得怕是比孩子还要香。

总的来说,我的心里开始发生了变化。我自己也说不清楚到底是怎么回事,但宝宝就像磁铁一样吸引着我的思绪。我想一直在他身边注视他,和他玩耍。我们一起能制造出这样一个才三公斤多的完美宝宝，我想一想都觉得不可思议。

在住院期间，你一方面沉浸在无尽的喜悦中，而另一方面却又疲惫不堪。早上时你的脸上挂满了灿烂的笑容，然而一到傍晚睡意就向你不断地侵袭。

房间里来探望你和宝宝的人络绎不绝。亲戚们不停地问你问题，想和你一直聊天，而你还要抱着孩子喂奶，生怕奶水不够喂不饱宝宝。你不只要无微不至地照顾好宝宝，还要礼貌地应酬好每个访客，总之是忙得不可开交。

所以我决定帮你减轻一点负担。亲友们来嘘寒问暖的时候，我会插话并给他们倒上咖啡，暗示他们你需要多休息，然后送他们出门。有的人能看出我这是在保护你，好让你多点休息，他们会献上衷心的祝福，然后及时离去。但是有的人就是不明白，他们坐在你身边想和你聊天，甚至把我们的宝宝抱过去供自己逗弄。遇见这种人的时候，我恨不得想变成原始人拿棒子把他们从医院里赶出去。

因此当你听从了我的建议，决定出院后头几天里我们先去你爸妈家避避风头时，我顿时感到一身轻松。

刚开始我们以为回家的场景会像是电影里面演的一样——一打开家门，画面上就出现你、我，还有宝宝一家人其乐融融地坐在沙发上的场景。然而我们还是决定了先去岳父岳母家住着。也许这样做缺少了点浪漫感和仪式感,但这却是一个对大家都好的实用方案。你爸妈都是很慎重的人,他们能够保证你得到足够的清静,不会让那些"只是想和你打个招呼道个贺"的人来打扰你。这种话我在过去的48小时里已经听了不下十次了,每次他们都不只是打个招呼待几分钟就算了。

我在分娩准备课程上学到女性需要和自己母亲保持联系。显然,宝宝的出生会让你和母亲的关系更为紧密。

虽然有时我也希望你能够和我更亲近些,但是我还是选择了静静观察我们是如何度过这段特殊的经历的。

从医院出来回到家里给了我两种不同的感觉——一方面我觉得终于大功告成了,期待已久的宝宝终于来到了我们的怀里。那么健康那么可爱,九个月以来的所有担心和焦虑现在都烟消云散了。但另一方面我又开始担心现在我们该做些什么。那个哭个不停嗷嗷待哺的小家伙对我来说是一个巨大的挑战。我该怎样抱他?怎样哄他睡觉?怎么给他洗澡?怎么给他换衣服?这些看起来容易的事情到需要亲手操作的时候变为了十分艰巨的任务。我在照顾他的时候紧张得都要冒汗了,而你却在一边笑话着我。

然后你妈过来了,笑得比你还要厉害:"还是让我来弄吧。"

你却制止住了你妈,解释道:"他需要好好练习,熟能生巧。"然后我笨手笨脚地继续着,出的汗把我的衬衫都浸湿透了。

我从来没有见到过你这个样子——既充满了能量,又疲惫不堪;既快乐,又悲伤;既冷静,又紧张;既平静,又焦虑。你有时能快乐上天,有时又感触得落泪。陪在你的身旁和你一起坐情绪过山车其实真的也是一件很费神的事情。我是一个喜欢稳定的人,如果你能保持情绪的稳定,不要心情时好时坏,那么我会是一个完美的伴侣;但是如果你一时欣喜若狂,一时又如坠深渊,那么我会非常难适应。

我想说在我们第一次带宝宝出门去儿科医生那里做检查的时候感觉糟透了,他简直就是个混……我或许还是不要说出来为好。他怎么能在一个母亲亲手将自己刚出生的孩子交给他的时候表现得如此冷漠。他把宝宝像没有灵魂的面团一样捏来捏去,并且拿着尺子上下左右地量着,还把宝宝放到体重秤上称起了体重。最后他带着傻笑高傲地问道:"他吃得够多吗?"

我真想回答说:"您看,昨天他不想吃黑橄榄酱,但是吃了洋葱猪肉卷还有海鲜汤。今天早上也只吃了牛油果酱和饼干。因此可能吃得有点不够吧。"

他问的是什么问题啊?这才第二天,我们连怎么给宝宝洗澡换衣服都还没学会呢,他就这样高高在上地说我们要把宝宝饿死了。我觉得怒火中烧，真想给这个医生一拳。

他建议我们每次喂奶后都给宝宝量一次体重，以观察他喝了多少。

刚从诊室出来，我就看到你要崩溃的样子。我暗暗对自己说："冷静，冷静！我们会想到办法的。"我靠近你，在你耳边小声说道："那个医生就是个傻瓜。接下来的三天我们只要保持冷静，该干嘛干嘛。"

我还记得我姐给她女儿哺乳时的情况——每次喂完奶后称重时孩子都动个不停，简直是个噩梦。

我们才不要那样子。哦不，是我不要那样子。从今天起，你做什么都要听我的。我们不要担心，我们会学会对宝宝察言观色的——他为什么笑、为什么哭、怎么哄他睡觉，我们都会搞懂的。就我至今为止的观察，他平时都是很乖的，只是在饿的时候才会想办法让我们知道。我们会找到照顾他的好方法的，一切都在掌握之中。

你的母性本能可能也已经让你察觉到医生只是想快点把我们处理完而已，他说的话一点都不可靠。我们回到你爸妈家，你放松地靠在沙发上开始给宝宝喂奶。你看他那有力的吸吮，不正是他健康的最好证明吗？随后，他就在尿布里拉出了一堆稀稀的臭臭（你说我们要不要把尿布拿到医生那里，让他好好闻闻，看看这质量和数量合不合格?)。

我们觉得在你爸妈那儿待得时间太长也并不合适。

你和我说:"我想回自己家了。"

我亲了亲你的前额。没一会儿我们就把所有的东西都收拾好回到了我们自己家。你妈还是很好地接受了我们终将要回自己家这个事实。

最近我都会尽量待在家里,工作上的事情我也并不着急。我知道我的陪伴能让你感到安宁。

有时候我也会觉得家里的生活欠缺了点活力。自从成为父母之后我们的注意力都在宝宝身上了,留给自己的时间少了许多。偶尔我也会想如果不是要坐在这儿陪你,我其实可以去做很多有趣的事情。但是只要一看到你们,我就会快乐地抛弃这个念头。我的心里充满了一种神奇的满足感和安宁感。我虽然可以去任何地方做任何事情,但我唯一想做的就是和你们待在一起。通常这时宝宝会开始哭闹,只要我靠过去就能闻到一股臭臭的味道。

虽然空气中弥漫着臭臭的味道,让这个情景说不上浪漫,但这还是我唯一愿意待着的地方。

♀ 她的视角

"亲爱的,不用着急。他们跟我说儿科医生会迟到一些。他们让我出院了,但是医生还要检查宝宝呢……没事,你不用赶着过来,我自己能把行李打包好。我只有两件睡衣还有化妆袋要收拾而已……没事,没事,缝针的地方不疼了。嗯,其实也就是一点点疼吧,我没事的,我自己收拾就行了……好的,你去市政厅那把手续都办了吧。我就留在这儿吃午饭了,今天他们有烩饭呢。你来得及去吃东西吗?去买块披萨吃吧……好吧好吧,那你过来吧,我把饭留儿点给你,反正还有土豆泥呢!我会怀念什么都有人伺候的日子的。亲一个,我在这儿等你。"

我在房间里抱着我们的小天使,他穿着一件绿色的小衣服,那是我一个闺蜜送的(你还总是说你的朋友们更大方些)。

现在他还熟睡着。昨天晚上他快要把我的灵魂都吸出来了。他一直咬着我的乳头,吸一会停一会。他就像天生自带了接触传感器一样,只要我稍稍把他挪开,他就又要咬住。我使出浑身解数把他哄睡着,才腾出时间来上厕所。一点……两点……三点,天啊,漫漫长夜无止境啊,我整晚上都醒着一直守夜。有时候我一看到他就会不自觉地笑起来,他是那么小小的,又是那么的神奇。即使给他浑身都抹上了杏仁油,他的皮肤还是干干皱皱的。医生说这样会持续好几个星期。有时我会摇着他,闻着他稀疏而柔软的头发。我有时想停下来一会,但是看着他可爱的脸,我就又想要继续下去了。我实在太爱他了。

昨天我开始产乳了,太神奇了!我终于觉得我是一个有胸的女人了!一直以来我都还不到B罩杯,现在竟然能撑满D罩杯了。我等不及想让你看看哺乳都给我带来了什么神奇的变化。

今天晚上我们的宝宝貌似怎么都吃不够。凌晨四点的时候,我已经要睁不开眼了。我尝试着抱着他以各种姿势睡觉,可总是怕把他摔着或者压着,医院里的床实在是太小了。最后我还是放弃了,把宝宝送到了保育室。值班护士微笑着和我说:"你就放心把他留在这儿吧。我们一会再给你送回去喂奶。"从她的眼神里我就知道她会好好照顾我的宝宝,不会让宝宝自己在小隔间里哭闹的,我真想亲这个值班护士一口。这是我第一次寻求别人的帮助。

我回到房间一上床就沉沉地睡去了。过了两个小时后护士抱着宝宝进来了。看得出来,宝宝也香香地睡了一觉。

今天早上当我给你讲这件事的时候,你问我:"你为什么不早点把他送过去呢?"

我喜欢男人们的实在,你们从来不转弯抹角。你们总是怎么做就怎么说。

现在终于一切就绪,我们准备好可以回家了。你提议我们先去我爸妈家住几天。你说这样对大家都好,我们不会忙着去应付过来探访的亲友们,我爸妈还能给我们做饭。我们可以专心照顾我们的宝宝。

我们说去就去。我妈把我的旧房间整理了一下,放进了一张双人床。我们就像住进了酒店一样——把衣服直接堆到椅子上,和我爸妈共用一个厕所。

第一天过得很快。我们一直都在房间里欣赏着我们的杰作。今天他一直在睡觉。每次喂奶之后他都会睡几个小时,那么多的自由时间甚至让我们感到有点不知所措。

我有一种非常奇怪的感觉。就像是我已经体验过世界上所有最美好的事情了,像极乐之后的空虚,像周末之后的周一,我自己也不知道该怎么解释。在经历了前几天极度幸福的感觉后,我竟然感到了丝丝沮丧。

晚上的时候我们轮流起床照顾宝宝,给他换尿布,给他喂奶。当然了,在喂奶这件事情上你是帮不上什么忙的,可是你能陪在我身边,这对我来说足够了。

到了早上我们开始按照育儿所教给我们的方法来打扮宝宝。我们自己却只是穿着睡衣——反正我们也是待在房间里而已。之后开始有人过来探访了,你穿好了衣服，我们和客人聊了一会天，然后又只剩下我们自己了。我有一整天没出门了，虽然我很开心，但是也想出去透口气。我爸妈并没有表现得过于积极，他们只是在给我们送饭的时候才会敲门进来。他们在和外孙共享天伦这件事上非常有分寸。

今天我们要去医院做检查了，医生会看看我们的宝宝发育得是否健康。我穿上了出院时穿的同一套衣服。我们准时到了医生那儿，我们从来都没那么准时过。我们还碰到了其他的夫妇还有他们的宝宝。一个我从未见过的护士招待了我们，然后医生也过来了。医生给宝宝量了尺寸，还称了体重。

"没有长多少。他平时喝奶吗？"

我回答道："他整天都在喝！"

"他只长了九十克，太慢了。我过三天再给他检查一次。你们每次喂奶前后都要给他称体重……什么，你们没体重秤？那快去买。其他方面一切健康。再见。"

我怀着沉重的心情走了出来。我是不是该在他睡觉的时候多把他弄醒？我不该在他吸奶吸到睡着的时候就把他放到摇篮里。我应该多多给他喂奶。

"哼，这个医生明显不懂得怎么去鼓励人啊。"你说道。幸好我还有你在身边。

"你还好吗？"你问我。宝宝睡得倒是很香甜，我还以为我们掌握了节奏了呢。

"我们该去买体重秤了。"

"我觉得根本没必要。你还记得我姐吗?给孩子称重每天把她折腾得够呛。我们去育儿辅导所那里吧,他们每天都帮孩子称重。你明天就去听听他们怎么说。"

"如果真有问题怎么办?如果我不出奶怎么办?"

回到家后,我很欣慰你依然陪伴着我。明天你就要回去上班了。但是感谢上天,今天你还依然在我身旁。

"我们要不让你妈先帮忙看着孩子,我们出去散一下步?"

"如果他醒了怎么办?如果他哭闹呢?"

"没事儿,我们就在附近转。如果有需要我们马上就能回来。"

我们于是手牵着手沿着我们一起长大的街道散着步,而此时医生的话语却还是让我内心忐忑不安。

你关怀地问我还好么。我开始向你倾诉一大堆事情,然后还哭了起来。我哭个不停,就像我是在进行第二次分娩一样。我心里所有的恐惧、无力感还有悲伤,都在这一刻一起爆发了。

在和你散步的时候,我向你展示了自己的另外一面——当我缺乏安全感时脆弱的样子。我在度蜜月的时候就曾经哭过,在你去外地出差的时候曾经哭过,在闺蜜伤我心的时候我也哭过。

你握着我的手倾听着我的诉说。你鼓励我把一切都释放出来。我自己说的话把我自己都吓住了，之前的喜悦都去哪儿了？我也不想这个样子，但是我就是忍不住要把眼泪都哭出来。你的微笑是那么的沉稳，好像在坚信我一定能撑下去。你鼓励我道："宝贝，没事的，你天生就是做妈妈的料儿。"

当我们转到第四圈的时候，你跟我示意该是时候回去了。一个小时就这样过去了。我高兴地搂着你的脖子说道："谢谢你亲爱的。我现在感觉好多了。"

"这么一会就好了？"

"嗯，对。现在感觉好极了。"

"就算是我们做完爱的时候你都没和我说过同样的话呢！"

"我以后会多说的。要不我们回自己家吧？"

"你确定不需要你爸妈帮忙了？明天我可要回去上班了。"

"十分确定！我现在感觉自己无所不能。"然后我就撒腿跑了起来，还对你说："来啊，来追我啊！"

♀♂ 挑战

从分娩到回到家的这段时间也许算是整个过程中最复杂的一段了。在从助产士手上接过宝宝的那一刻起，这个小生命就完全成为我们的责任了。在医院的时候，我们还有各种专业人员随时帮助与支持我们。但是在回到家后，我们就只能靠自己了。虽然现在家里有三个人了，但是也就只剩下我们三个人了，所有的重任都落在了父母的肩上。

开始的时候我们需要学会逐渐了解宝宝的需求和他的生活规律。这些事情甚至连他自己都不知道，他的哭声到底是代表他饿了，代表他想睡觉，代表他想醒着，还是代表他的尿布湿了，这些都只能由我们自己一步步地去探索和掌握。他哭是因为他还不会说："我需要帮助。"我们需要学会从他的哭声里听懂背后的各种需要。

但是在这个探索和学习的过程中，母亲们通常会受到焦虑情绪的影响。这种焦虑感有时甚至会造成负面的影响。她们会觉得需要每时每刻都去安抚宝宝，对宝宝各种隐藏的需求提心吊胆。因此她们会一直保持在警惕的状态，对宝宝发出的任何信号都异常敏感，仿佛那是有关生死的问题一样。其实这样子是完全没有必要的。大家要做的是学会认识自己，懂得构建直接与务实的对话，并学会照顾孩子的科学方法。要成功地做到这一点，需要掌握两个重要的概念——共鸣与同步。

共鸣字面上意味着音波在波长上达到一致，在这里意味着我们要学会理解我们是在和宝宝做同一件事情，在体验同样的经历。妈妈和宝宝间共鸣的好例子有：
- "你哭是因为你饿了，我现在就给你喂奶"；
- "你哭是因为你困了，我现在就哄你睡觉"；
- "你哭是因为你尿布湿了，我现在就给你换尿布"；
- "你哭是因为你想要抱抱，我现在就来抱你"。

一开始的时候，要达到共鸣并不容易。做到这一点需要时间和训练。如果妈妈非常担心宝宝吃不饱，那么每次宝宝哭的时候她都会试着给他喂奶。这样妈妈会很容易误解宝宝想要表达的需求。

这也是为什么爸爸适时的介入是非常重要的，他可以安抚妈妈的焦虑。爸爸可以扮演一个辅助的角色，向伴侣展示出他的责任感，同时在妈妈精疲力尽的时候给予依靠。

我们不要忘了在刚开始的时候，母亲们有时会经历十分低落的情绪，从而她照顾孩子的积极性也会受到打击。男人们通常很容易忽视这一点，甚至对伴侣的低落给予消极的评价："你不要那么沮丧。这可是我们生命中最快乐的时刻啊，你怎么能在抱着宝宝的时候还那么伤心呢？"类似这样的话其实是最没有用的。

男人们无论在身体上还是心理上都需要给予伴侣们足够的陪伴。在产后的头四个星期里，最好的身体陪伴方式是在沙发上和怀抱宝宝的母亲们一起坐着。而在心理和情绪上，如果妈妈们遭遇低落的心情，那么男人们需要学会去共同感受，学会安慰他们的伴侣，告诉她们这种低落是很正常的，告诉她们这一切都是体内的荷尔蒙在作怪。

三个人之间越是能产生共鸣（我能听懂你想表达的，我们能听懂孩子想表达的），那么宝宝就越是能和父母构建和谐的亲子关系。这在他的身体成长和心理发展上都是非常有益的。

除此之外，学会同步也是非常重要的。同步指的是不只能听懂对方想要表达的内容，而且能在第一时间听懂。对于妈妈们来说意味着及时地满足宝宝的需求，这在刚开始的几个星期里尤为重要。在宝宝哭的时候，如果妈妈只是能听懂宝宝的需求（共鸣），但却不能短时间内做出反应（同步），这样还是远远不够的。通常来说，当宝宝一开始哭的时候，妈妈就需要马上去给予照顾和回应。

但是在某些情况下，妈妈或许会不在场——有可能是在打电话，也有可能是在分娩后就选择了马上回到工作岗位，而更多的情况下是因为她们实在太过劳累或者心情太过低落了。这样的母亲虽然可以给予宝宝准确的应答，但是却会错过最佳的应答时机。这有可能会在宝宝的心里留下烙印，并对其以后的成长产生影响。

如果这种情况经常发生，那么宝宝就可能会变得经常哭闹。因为他们会担心哭的时候没人会来及时照顾他们。他们的行为方式是建立在一种内在逻辑上的——我最好是在什么都不需要的时候也保持哭闹，因为这样才能避免我真正有需要的时候没人来照顾我。通常在喜欢无端哭闹的宝宝背后，都有着与他们需求欠缺同步的父母。

但也存在完全相反的例子。妈妈有时候会对孩子的需求过度同步，或者是经常预见孩子的所有需求（或许是由焦虑导致的）——过度哺乳，过分频繁地检查尿布，经常把熟睡的宝宝弄醒（怕宝宝休息太久），又或者是在宝宝还醒着的时候尝试哄他入睡（怕宝宝休息不够）。总而言之，就是妈妈们为了不让宝宝受罪而按自己的节奏去提前满足所有的需求。在这种情况下，因为母亲已经把所有的需求提前照顾好了，孩子在感受自己需求方面的能力将会欠缺发展的空间，这对孩子其实是不利的。

爸爸们在这个时候应该再次扮演重要的角色。所谓旁观者清，爸爸因为相对（于母亲们）来说比较置身于事外，可以在母亲过分照料的时候让她们缓一缓，也可以在母亲反应过慢时给予催促，有时候爸爸们甚至可以代替母亲们照顾孩子。爸爸们确实是不能给孩子们喂奶，但是在哄孩子睡觉、帮忙换尿布以及陪伴孩子上他们是完全可以胜任的。如果妈妈们正在忙别的事情，或者是太累了需要休息的时候，爸爸们应该及时补位。这样爸爸也能在亲子关系中发挥出更重要的作用。

对于男人们来讲，与伴侣形成同步也是至关重要的。特别是在头几个星期里母亲的全部精力都会投注到孩子身上，很容易忘记自己是妈妈的同时还是一名妻子。她们有时太过于关注孩子而会忽视掉伴侣的私人需求，这让男人们很容易会觉得孩子的出生让自己被忽视了。实际上，母亲们并非有意将伴侣排除在母子关系之外，她们只是暂时将其搁置在一旁以完成她们手上更为重要的任务而已。

在这段时期，男人们需要学会耐心等待，随时候命，而不要太过专注于自我。如果男人们不能将自己的需求和宝宝的需求同步，而过分强调自己作为伴侣的需求，那么他们是会很容易感到被排斥与抛弃的。

在这几个星期里，情侣的角色将让位于父母的角色。之前的二人世界已经发生了巨大改变，现在大家都要专注地构建两人与宝宝之间的三人关系了。只有再等几个月，爸爸和妈妈之间的情侣关系才会再次占据主导。到了那个时候，这种爱情关系只会得到进一步的加强和巩固。

> ### 推荐影片
>
> **爱情妈妈咪呀**
>
> 导演：亚历山德罗·达拉特里
>
> 喜剧片，意大利，2002，90分钟
>
> 这是一部不算非常新的轻松喜剧。如果你们刚刚为人父母，那么这部影片将会为你们带来许多能引起共鸣的欢笑。影片反映了许多现代人在组建家庭与生儿育女问题上的选择和思考。
>
> 请和伴侣一起观看影片并讨论。
>
> 影片中孩子诞生以后，发生了以下几段重要对话。
>
> **1. 当主角托马索和斯特凡尼娅向朋友们宣布怀孕的时候，亲友们的反应：**
>
> 朋友（女）："不是吧？"
>
> 朋友（女）："你确定吗？"
>
> 朋友（男）："简直难以置信啊……真是可怜的家伙！"
>
> 女主的妈妈："哈哈哈，亲爱的！"

女主的爸爸:"太棒了!"

男主的妈妈:开始哭泣。

男主的爸爸:"我靠!"

众女性朋友:"你要做羊膜刺穿检查?可是你还年轻啊!用不着的。他那么健康,肯定没问题的。"

朋友(女):"那些准备课程一点用都没有。你就算去了也学不到什么的。"

朋友(男):"男孩还是女孩?"

托马索:"希望是这两者之一吧。"

朋友(女):"看,女人们还是更冷静吧。"

朋友(男):"男人们没那么多麻烦事儿。"

朋友(女):"我孩子简直是让我绝望了。"

朋友(男):"无论如何,现在抓紧时间去度一次假吧,要不然……"

朋友(女):"最疼的时候?那就是在你最后用劲的那一刻,我都不敢再去回想了。"

同事(女):"你会帮助分娩吗?"

同事(男):"那可是最让人倒胃口的场面。"

众女性朋友:"选个好的产科医生可重要了!你为啥不找帮我接生的那个医生?他可厉

害了!"

球友（男）:"你知道有的女人会在分娩的时候高潮吗?"

朋友（女）:"你们打算去医院还是去小诊所呢?"

朋友（女）:"你疯了吗？教皇病了要去哪儿？难道去诊所吗？"

2. 斯特凡尼娅把宝宝哄入睡后，向托马索倾诉：

她:"我怕!"

他:"怕什么?"

她:"怕你迟早会厌烦。"

他:"你在说什么呢?"

她:"你知道莫妮卡跟我说什么吗？夫妻关系有三种警报信号——第一种是不再一起出门；第二种是不再做爱；第三种是只会在一起看电视。"

他:"嗯。那我们起码不要响起第二种警报吧，你说呢？"

3. 危机时刻

她:"最糟糕的就是我们不再交流了。你为什么不说话啊?"

他:"如果我们都不交流了,那我还能说些什么?"

她:"托马索,我现在只能和安德烈亚(宝宝)、我妈还有护工说上话了。我需要有人跟我交流啊。"

他:"我白天要说上一整天的话,回家之后我真的想享受一下清静。"

她:"享受清静?听起来像肥皂剧的名字。"

他:"我才对电视节目不感兴趣呢。我看电视是因为我想放松一下。"

她:"对啊,你不是因为要看电视所以才一声不吭的。你看电视是为了避免和我说话。你说是不是?"

他:"我天啊,你也太能作了吧?这是有奖问答吗?"

她:"我们都没有二人空间了。我们什么时候才能两个人好好享乐一下?再说我们也没精力了。你变了!你最好的那一面去哪儿了?"

他:"至少你和我说出来了。其实我觉得你说的也有道理,不只是你一个人说我变了。但是,变的其实也不只是我自己一个人。"

她:"你太奇怪了!"

他:"你也是!"

她:"你还爱我吗?"

他把她搂进了怀里。

♂ 男人的大脑里发生了什么

男人们或许不知道，如果他们能在孩子出生的头几天里和孩子待在一起，他们的大脑会发生一定程度的变化。和孩子的亲近能够改变和重塑父亲大脑的某些回路。神经科学研究发现新爸爸们会自然而然地在这一阶段将自己最好的一面呈现出来。

实际上，如果男人们能自然地接受父亲这一角色，更多地去陪伴、照顾、注视和拥抱孩子，他们能够更好地完成角色的转变，这也有利于宝宝们的健康成长。

这些看似简单的动作在改变男性大脑上起着巨大的作用，这会提高他们体内催产素和催乳素的分泌水平，而以往的科学研究更多的是把这两种荷尔蒙与母亲的分娩以及哺乳联系起来。当爸爸抱起孩子的时候，他的杏仁体（大脑掌管情绪的部分）会受到强烈的刺激，然后通过一系列复杂的神经接触反应，促进这两种荷尔蒙的分泌。这两种荷尔蒙的分泌可以稳定亲情关系，让爸爸和宝宝更加亲近。

在这一过程中男性的睾丸酮（引起性欲以及攻击倾向的荷尔蒙）分泌水平会暂时下降，结果是父亲会变得更为温柔，更多地展示出温情的一面（通常这并不是男性的特征）。这让男人的性格在这一阶段变得更适合照顾宝宝。

大自然通过这种神奇的方式让男人在和宝宝的亲密接触中将父亲的角色逐渐融入他们的人格身份中。睾丸酮的下降让男性更多地陪伴在伴侣身边——不是为了性方面的需求，而是为了更好地照顾他的孩子。

而女人在分娩之后需要的正是这样。在分娩后的几个星期里，她们会全神贯注于宝宝身上，而性生活由于生理上的限制也是不可行的，感觉到身边有一个温柔而冷静的伴侣陪伴会让她们感到很舒适和幸福。大自然在物竞天择的进化过程中，让男性在孩子出生后经过一系列神经上和荷尔蒙上的变化，更好地进入父亲的角色。在这段时间里男性会变得更加温柔并且更懂得照顾人，这些特征在平时是很难在男性身上找到的，而他们所处的社会环境也并不鼓励这些特征的形成。

研究同时发现这些改变只有在爸爸保持与宝宝接触（触碰、搂抱、亲吻）的情况下才能持续。如果爸爸在孩子出生后马上回到日常的工作或社交任务中去，从而缺少与宝宝的接触和互动的机会，那么他们的睾丸酮水平会快速恢复到原来的水平，催产素及催乳素的分泌也会随之减少。

总而言之，父亲与新生儿保持频繁的亲密接触是非常重要的，只有这样宝宝才能在各方面都得到最好的照顾，也只有这样父亲们才能经历这种难得的转变。

⚥ 女人的大脑里发生了什么

了解大脑是如何运作的能够更好地帮助我们了解自己。有时候我们需要帮助伴侣在思想上和自己形成共鸣。譬如我们应该知道男人们通常并不善于对隐藏的情绪进行解读，他们并不能马上理解女性正在经历的悲伤及委屈。如果我们强迫他们，只会打击他们的积极性。女性应该做的是更加直接坦白地表达自己的情绪。这也是为什么女人们通常会哭泣——只有这样男人们才能明白她们的悲伤与委屈。

在回到家的头几天里，母亲的情绪经常会在两个极端间波动。欢乐与悲伤的情绪会轮流占上风。如果男人们看到自己的伴侣在哭泣，请不要被吓到。母亲们需要有人来包容她们的极端情绪。如果这时男人们也陷入焦虑与困惑，母亲也就失去了她们的外部依靠。眼泪有助于女性们宣泄内心的悲伤情绪，并帮助她们获得伴侣的关注。我们不应该抗拒哭泣，也应该学会接受伴侣的眼泪。

在分娩后的头几个星期里，母亲们需要学会与另一半分享自己的情绪。在有需要的情况下，妈妈们要学会引导爸爸们一起体验这种情绪上的波动。

母亲在这一时期会对任何可能对宝宝产生威胁的事物变得异常敏感，只有她们在感到一切都在掌控之中时才会松一口气。举个例子——当家里面来亲戚的时候，如果他们想要认识一下小宝宝而想都不想就把宝宝抱起来，那么这时母亲就会进入一种警诫状态。就算最微小的事情也能导致母亲们的紧张和焦虑，她们连亲戚在抱宝宝之前有没有洗过手这种事情都会担心。出于本能母亲们可以以极高的精度探测到这些细枝末节——一件过于扎人的毛衣或者是一条带尖的手链在母亲眼里都有可能伤害到宝宝。

妈妈们的听觉也会变得更加敏感，这样她们能在不吵醒熟睡中的伴侣的情况下就能首先听到宝宝的动静。这让她们的伴侣能在第二天继续精神饱满地去上班。

妈妈的敏感有时甚至到了心灵感应般的程度。她们很多时候能预感到宝宝在挨饿或者在闹肚子，在宝宝开始哭泣之前的几分钟就自己提前醒来。

自然馈赠给妈妈的这些超能力让爸爸们获益匪浅，使他们能够略过夜间所发生的各种吵闹而获得更好的睡眠和休息，从而在工作上更加精力充沛。

在头几个星期里，荷尔蒙会继续发挥着它们的重要作用——雌性激素、催产素以及多巴胺的分泌强化着父母和宝宝之间的纽带。女性会发展出一种超乎常人的敏感度，她们的本能也会变得更为敏锐。如我们所见，她们和宝宝间共鸣与同步的能力也会得到大大提高。

在最近的十年里，神经科学对"自反"这种能力进行了深入的研究，并发现了某些负责产生同感心理的神经网络。这些神经也负责着妈妈与宝宝间的镜像反射。神经科学家们将这部分神经称为镜像神经元。正是因为这部分脑细胞，女性们天生就非常擅长与宝宝们建立共鸣，从而让宝宝感受到被爱、被保护以及被照顾。宝宝们也因此和母亲建立起紧密的关系，将自己毫无保留地交与母亲照料。

可是在另一方面我们需要避免的是过分的忧虑。在头几个月里周围的氛围会对宝宝的健康成长产生很大的影响。爸爸们需要制止母亲们过分的担心焦虑，这些担心焦虑无论是对母亲还是宝宝都是没有益处的。

♂ 爸爸给妈妈的建议

- 分娩确实让你们在身体上经受了很大的磨难，而后孩子又在持续地耗费着你们的精力，让你们疲惫而焦虑，有的时候你们甚至会感到沮丧。只要你们开口，我们愿意做任何事情来帮助你们。但是如果你们什么都不说，我们有可能会犯下大错。
- 就算在家里，你们也不用整天都穿着睡衣或者睡袍，牛仔裤和毛衣也会是不错的选择。
- 你们比我们更懂得怎么帮孩子换尿布，你们的妈妈也比我们更懂得怎么帮孩子换尿布。但是当我们帮孩子换尿布的时候，请你们冷静点，让我们自己做完，我们迟早都会学会的，而且就算我们换尿布的动作错了，也不会伤到孩子的。
- 我们确实更擅长于工作上的事情，而不是哄孩子或者安抚焦虑的你们。虽然如此，当我们向你们宣告："我现在要更加努力工作了，因为我们一家三口的生活成本更高了"时，请你们不要只说"好吧"，更不要只是保持沉默。如果你们希望在最初几天里我们能在家陪着你们或者是晚上下班早点回家的话，请直接坦白地跟我们说。
- 用不着每天给孩子称上十遍体重，量上三次体温，也不用在宝宝睡着的时候还检查他呼吸如何，甚至为了确认他不是死掉了而把他弄醒。你们应该冷静下来。

♀ 妈妈给爸爸的建议

- 如果你们偶尔能在宝宝把我们俩都吵醒之前跑去把孩子哄睡着，那么我们一定会把你们的英雄事迹到处宣扬的。
- 不要让我们的哭泣或者低落的情绪吓到你们了。不要以惊恐的眼神盯着我们看，这不是一项不可能完成的任务，要记住其实你们很容易就能把我们再次逗笑的。
- 当看到我们疲惫不堪的样子时请给我们一个爱的抱抱，把我们举高，让我们从更高的视角看看这个世界。
- 如果我们连续五天都在穿同一件睡衣，那么请在市里最时尚的发廊里给我们订一个护理套餐。
- 如果我们因为没人帮我们而发脾气，请不要马上将这看成是对你们的人身攻击。请让我们任性发泄一下吧！

第五章

爸爸时刻

哺乳期

♀ 她的视角

今天你要出差一趟,很早就出门了,而且要很晚才会到家。这意味着我一天都见不到你。

以前我工作的时候也会到处跑,那时候时间过得真是飞快。我也是喜欢到处找事情做的人,然而现在我在家里待着,时间貌似过得慢了很多。

早上七点多的时候我就被宝宝的哭声唤醒了。我马上解开睡衣扣子为宝宝送上早餐。你觉得早上的我是难以沟通的,你说的一点都没错。在早上喝咖啡之前我的思绪都是茫然而混沌的。然而我却能纯熟地抱起宝宝,然后再坐到床上让他开始吸吮我的乳头。我甚至可以一边打瞌睡一边喂奶，直到他喝饱为止，我觉得这是一项可以写进简历里的技能了。

我们在八点半的时候再次醒来，我会因为睡觉的姿势而觉得浑身酸痛，而宝宝这时也拉了一大泡的臭臭。看来在我的简历上还要加上一条——能够在早餐前就给孩子换尿布。随后我们会到厨房去，我会坐在摇椅上，蘸着咖啡吃掉一大包的松脆饼。

九点一刻的时候，宝宝告诉我他想换一个姿势。我抛下洗碗池中还没洗完的杯子，擦了擦手就过去把他抱了起来。我一遍遍地唱着儿歌："小鸟唱歌喳喳喳，小鸡唱歌叽叽叽。我们也来学唱歌，哆咪咪法嗦啦西。"天啊，我好怀念那些流行歌啊。我觉得我可以自己改编一首试试。

我还是穿着睡衣，反正今天也没人会来家里。此时我的朋友们都还在上班呢，我是她们中第一个生孩子的。我身边也没有其他妈妈会每天邀请我带上孩子一起去公园转转。但是说实话我也不能抱怨什么，我的朋友们在有时间的时候也会经常给我打电话或者来家里探望我和宝宝。

十点了，外面刮着大风。我还在继续给孩子唱着歌，他时睁时闭的小眼好像是在鼓励我继续唱下去。我一定能把他哄睡着的，我已等不及要好好冲一个澡了。

昨天我就没有洗成。上次洗澡好像还是前天来着,我真的已经记不清了。

我小心翼翼地把宝宝放到了摇篮里,我觉得自己简直比外科医生的手还要稳,宝宝终于安稳地睡去了。

我想给你打个电话问候一下,但又记起你说过会在会议间休息的时候给我打过来。

我赶紧跑进了浴室,拧开了炉子。我要对缺乏水资源的人们说声对不起,因为我今天真的要好好浪费一下了。我在一堆衣服里找了一件灰色的卫衣,用手把上面的褶皱抚平了一下。我拿上吹风机,再放上轻缓的背景音乐——这样就算宝宝哭我也能听得到。我脱下衣服,伸出一条腿,探了探水温。

这时手机响了,我没去接,反正一会还会再打过来的。

嗯,水还是有点凉。

家里的电话也响了,我还是懒得去接,现在应该可以进去了……

十点一刻,我穿着浴袍坐在沙发上给宝宝喂奶。我一边喂奶一边和你在电话上聊着:"我现在就打给你是因为我到下午两点之前都没空。"一边说着,我一边想象着浴缸烟雾缭绕的美景。

宝宝又睡了过去,我把他放到摇篮里后就马上冲去了浴室,一阵热气扑面而来。这时门铃响了,天啊,不会吧。门铃继续响着,不用猜也知道是我妈来了。如果我不下楼去开门,她肯定要开始打家里的电话了。看来我要放弃我泡澡的美梦了。

"早上好啊妈,我还准备洗个澡来呢。"

"那宝宝怎么办?"

"还睡着呢!"

"怎么老是在睡?我都没法逗他玩了。"

"我倒是希望他多睡会呢。"

"你说啥?"

"没啥,妈。你要进屋吗?"真希望她不要进来。

"好吧,我就待个几分钟。也许一会他就醒了。"

"希望他别醒吧,要不我肯定洗不了澡了。"

"你快去吧,如果他哭的话有我呢。"这句话真让人舒心。

"我爱你,妈!那边有报纸你可以看。我过两个小时就回来了。"

"什么?"

"开玩笑啦。我很快就洗完的。"我进到浴室,把音乐声音开到了最大,在滚烫的花洒下纵情地唱着歌。我现在是一个自由的女人了!。

十一点一刻。我妈打开了浴室的门:"宝宝醒了!我该去抱他吗?"也许是我吼得太大声了吧。

十二点,我们给他换了尿布,然后又唱了很多首摇篮曲后,宝宝才终于不闹了。"我觉得他是饿了。"我妈把宝宝递给了我,"我得走了,还要给你爸做午餐呢。来吧,跟外婆说再见……来说,外——婆——再——见。"

"妈,他才四个月。他最多也就能打个饱嗝儿。"

"你长得真像你外婆,来小家伙,现在你妈要喂你吃奶了。"

"两个小时前才喂过呢……"

十二点十分。我开始给宝宝喂奶。然后把湿掉的浴袍脱掉,以迅雷不及掩耳的速度换上了那件灰色的卫衣。

下午一点整。宝宝睡着了,我开始准备午餐。冰箱里空空如也,我该去超市了。我只吃了碟橄榄油拌意粉,还有果篮里仅存的两个苹果,然后手洗了所有的碗碟,因为洗碗机用的洗洁精也没有了。我也只能把洗好的碗碟都放在架子上沥干,因为所有的抹布都是脏的。家里面简直是乱套了,但是我很快就会把东西都整理好的。我拿吸尘器把家里都清了一遍,把东西都收拾整齐,把浴室和厨房都打扫了一遍。然后我一边和你打电话,一边熨衣服。

下午三点。家里简直是焕然一新啊。在干了两个多小时的家务后,我累得一下子就瘫在了沙发上。但是我们的小王子这时又闹了起来。"宝贝我来了。"我把卫衣换掉,然后开始给他喂奶。过了一个小时以后,我终于准备好出门去买菜了。

下午五点半,我在超市买了三大袋的物资,而宝宝一直都安静地在婴儿车里睡着,任务完成!

我们上了车,这时宝宝又开始哭了起来。我很讨厌一边开车一边听到他哭,这让我没办法集中精力。

我把收音机音量调高了,但是他好像并不喜欢这样。我又把收音机关掉了,然后开始给他唱歌。他还是哭。我唱得更大声了,但还是没用。我尽量把车开快,这样我们好早点到家,可是不幸的是现在正是上下班高峰期,路上都在堵车。他开始撕心裂肺地哭。他不到两小时前才吃过奶,不可能又饿了。我把风扇打低了一些,说不定他是觉得热了。但是他还是继续地在哭。我给你打了电话,可是打不通。

我怕我在这种状态下没法安全开车,我心急如焚,而宝宝却继续哭得越来越厉害。我把车开进了一条小路,在一个我不认识的街区找停车位。终于找到了,天也快全黑下来了。我把宝宝抱了起来,在一片空地上开始给他喂奶。他饥渴地吸吮着,只过了片刻,他就睡了过去。在这短短地两分钟里,他所有的饥饿都被喂饱了。

傍晚六点三十分。我把买来的菜都塞进了冰箱,然后宝宝这时也醒了。他好像觉得自己刚刚没吃够,现在又想要再吃一份。这次他吃饱以后却一直醒着。他看起来很紧张的样子。

我开始准备晚饭了。你说你可能晚上八点前就能回家,而我也希望能和你一起吃晚饭。我想给你做你很喜欢吃的面条。我今天买了些菠菜,但是还需要洗一遍。我用背带背起了宝宝,这样我就能腾出手来做饭了。这还真有用,他安静地看着我,过了没一会就睡着了。

晚上八点整。你准时回家了。晚饭也准备好了。我们已经好几个星期没有一起吃晚餐了。你非常的开心。我把宝宝放进了摇篮里,但是他貌似不是很喜欢这样。

你把他抱了过去:"他是不是饿了?"

"我实在是受不了了。我也不知道!我一天到晚除了给他喂奶之外什么都没干。我觉得我都快要被吸干了。我准备了那么长时间,就是想一起吃顿晚饭……"我说着说着就想哭了,"他一个小时前才刚刚吃过。也不让我休息一下。我是喜欢给他喂奶,但是我也要休息一下啊!"

我自己觉得很不是滋味。你回到家连西装都还没脱呢,而且你今天五点半就起床了。我怎么能向你去发脾气呢?

你建议我给他快速地喂两口:"这样我们两分钟就能把他喂饱,然后剩下来的就交给我吧。十五分钟我们就能搞好回到餐桌了。"

我还是给宝宝喂了奶,你说我们周末可以试试把两次喂奶的间隔拉长一些，我们来一起尝试。当你说话的时候，我感觉到体内流过了一阵暖意。宝宝很快就睡着了。这是我今天第一次感到如此的放松，你把宝宝抱了起来放进了摇篮里。

晚上八点三十分，我们终于开始吃晚饭了——只有你和我。

孩子一直睡到半夜，刚好睡到了我们看完电影的时候。醒来后也并没有哭闹，只是在提醒着我们他的存在。我从沙发上过去把他抱入怀里："来我的宝宝，我想抱抱你。"

♂ 他的视角

看着你的身体成了宝宝食物和营养的来源让我感到有些不可思议。当你们在一起的时候，他是如此饥渴地从你的身上吸取养分，看上去是那么自然。这让我感到有些震惊。

一方面来说我是无比开心的，我在很多地方都读到母亲对宝宝进行母乳哺育是对宝宝的健康和未来的一种投资。更不用说这能为我们节省一大笔钱——那些没有那么幸运的家庭要在奶粉、奶瓶和奶嘴上投入一大笔开支，而这些开支对于我们来说是个想都不敢想的无底洞。

另一方面,通过亲自哺乳,你可以把许多抗体以及免疫因素直接传递给宝宝,这非常有利于他的健康发育。更不用说这在母子关系上的好处。我们在分娩准备课程上就学到,母亲和宝宝的亲密关系能在哺乳的过程中达到顶点。

但是不要忘了,在此之前我对你的双乳也是拥有神圣权利的。我当然不是用它们来获取营养,但当我看到你裸体的时候,我会感到非常的愉悦与兴奋。而现在你的双乳已经完全是宝宝的专属领地了,已经成为他获取营养和食物的源泉,我甚至为我刚刚的想法感到了一丝内疚。

当宝宝饿的时候、睡觉的时候、醒着的时候,你都会把全副精力投注在他身上。宝宝……宝宝……还是宝宝。我真的想问你:"我算是谁?我在你心里去哪了?"

我好像在你们无尽的蜜月中被排除了出去。有一天你伤心地看着我问我道:"难道你一点都感受不到吗?你顾着过自己的日子,就像什么都没发生过一样。我就像宝宝的奴隶一样,而你却像一个晚上回家就吃饭睡觉的酒店客人,我真没想到会是这样子。"

那晚我陪你坐在沙发上,你给我诉说着我们的宝宝是如何给你带来生命里最大的快乐,也给我诉说着你是如何经历着生命里最孤独的阶段。

"你根本想不到一天到晚陪伴着自己的骨肉是怎样的感觉。他完全依赖着我。有的时候我甚至觉得自己是在蹲监狱。我给他洗澡、换尿布、拥抱、喂奶，之后又要重新给他换一次尿布。当我终于能把他哄好放进摇篮里的时候，自己还有一大堆的家务要去做——拖地、洗碗、洗衣服……有时候甚至觉得自己连上厕所和洗澡的时间都挤不出来了。我真想出去转一转，但是外面不是在刮风就是在下雨。在家里待着让我觉得无比孤单，我很怀念以前精彩的生活。我的朋友们都没有孩子，她们的生活还是那么多姿多彩。我有时候会和她们打电话聊天，她们有时候也会来家里看我，但是我知道这对她们来说就像去医院探望病人一样，是为了让我高兴而已，我真想回到以前的生活啊。"

这些话让我既难过又舒心。难过的是发现你竟然在忍受着那么多的悲伤与孤独，而我却一点都没有察觉。我觉得自己被孤立了，而你却觉得自己被监禁了，我们真是般配啊。而让我感到舒心的是你对我的信任和坦白——我感到自己其实并没有被排斥，你还是继续向我倾诉心声，我仍然是你最坚强的依靠。

我决定明天带上你和宝宝一起去吃披萨。

我对你说道："别担心。如果宝宝哭闹的话，我来哄他。你就好好坐在那儿享受香脆的披萨吧。我会把我姐姐也叫上,让她下午过来帮忙看两个小时孩子,这样你还可以有时间去发廊打扮打扮。"

晚上在披萨店里的晚餐可以说是我们一起度过的最愉快的夜晚之一了。宝宝乖乖地睡在婴儿车里,让大人们得以专心享受这一美妙时刻。你的新发型非常好看,眼里透露着喜悦的光芒,在我眼里你实在是美极了。

断奶,开始在餐桌上吃饭

她的视角

今天晚上我做了一个梦。哦,不对,应该说是看到了一个愿景——我不会一直被宝宝限制住的。有一天我会在他不肯吃南瓜糊而要吃奶的时候克制住自己的。今天晚上我预见了自己会生很多的孩子——一共四个。第四个肯定会是个女孩,到那时候一切都会不一样了。

	第一个孩子	第四个孩子
关于断奶和喂食上的阅读	我会读很多相关的书籍。所有的书都是关于怎么把萝卜、西葫芦和土豆做成孩子能吃的食物。当然还有学习孩子饮食方面的一些重大禁忌	我还是会读很多书的。我发现从断奶开始宝宝食物的味道就很重要，而且我不一定都要把东西做成糊状。我决定要学会做一桌一家人都共同享用的美食
关于如何喂食	用儿歌和玩具让宝宝的双手忙起来，以避免他把盛满食物的勺子打翻。"来，给我们的宝宝吃好吃的糊糊。张开嘴，真乖。不行，不能碰勺子。再吃一点。"我和丈夫都张着嘴，向宝宝展示着要怎么做。这可能是一种无法克制的本能吧	自由地运用你的双手吧。我和丈夫早已接受了宝宝偶尔会自己用手吃上两口的事实。宝宝自己一块一块地品尝着面包，我们也获得了难得的清静。看她那沾满汤汁的小嘴！就算把衣服桌布都弄脏了也没关系，我们还有洗衣机呢
关于吃什么	在满月之前我会给他吃各种各样的糊糊。然后我会慢慢地让他尝试各种新的味道。有时候我和丈夫会偷偷地自己开小灶，这样可以避免他要吃对他不利的食物	我们大家都会吃很多不同的东西。丈夫和孩子们都很高兴我为他们献上了丰富的菜肴。虽然有时候会闹肚子，但是大家都没有禁口，就算是最小的宝宝也不例外。有时候他们会问我："你怎么就不做点简单的家常菜呢？"

	第一个孩子	第四个孩子
关于座位	宝宝坐在高脚椅上。我坐在丈夫的旁边,我们两个人都向着宝宝坐。因为我不允许把报纸带上餐桌,所以我丈夫只能开始阅读水瓶上的包装了	最小的宝宝坐在桌头自己的宝座上。我会坐在丈夫旁边,有时我还能和他聊上几句
关于餐桌	我们的餐桌非常整洁。宝宝坐在高脚椅上,用着自己的小桌板,还有带盖子的小杯子吃饭	餐桌是所有人一起共用的。最小的宝宝也是用着自己的塑料小桌板。所有的脏东西都能用水一冲就冲干净
关于餐桌气氛	整个过程都是小心翼翼,让人提心吊胆的。为啥我就不能一直给他喂奶喂到成年呢	热闹而混乱的家庭聚会。所有人都在滔滔不绝地讲着,就连还没学会说话的宝宝也不例外
关于孩子满周岁后的用餐时长	50分钟,全程都坐在椅子上。宝宝会从椅子上爬下去到处转悠,而我会把他叫回到桌子上,东西吃完之前不能离开。但是他还是会不听话地乱跑,我会把他抱回来喂他吃一口,然后他又会重新开始闹腾。平均吃一顿饭我就要去把他抱回来十次	大概15分钟,取决于当天我们都吃了什么。孩子们在吃完自己碟子里的东西后才可以离席,包括最小的宝宝也是一样。当我们发现大家都能遵守这条规矩的时候,一切都变得很顺利

	第一个孩子	第四个孩子
关于电视	在厨房里我们没有放电视。有时候为了哄孩子吃饭，我们会开着一些会动或者会发出声响的物件，譬如摆钟、吸尘器或者是榨汁机。虽然孩子很喜欢，但是我丈夫还是阻止了我把风筒带上饭桌	当餐桌上的混乱达到顶点的时候，我真希望给孩子们放上卡通片，这样他们就会安安静静地吃下任何我给他们准备的东西了。但是丈夫貌似看穿了我的想法，我只好放弃了这个念头
关于口头禅	还好他没呛到自己	现在不吃，一会也会吃的

♂ 他的视角

我从没想过断奶是那么困难的一个过程。让他用勺子吃饭简直是不可能完成的任务——他会把食物喷得到处都是，特别是我的毛衣和你的衬衫上。

你拿着勺子当成飞机一样飞来飞去想吸引他的注意力，他却毫不理睬，而是把双手泡到碟子里，用手指蘸着糊糊进行着他的艺术创作。在厨房的另一头是嗡嗡作响的榨汁机和吸尘器。每次出门的时候我们都要带上折叠餐板和一大堆装着五颜六色流食的瓶子。我们就摊开来说吧，我没你那么有耐心。对我来说吃饭是一种自然的需求，如果他饿了，他自然会吃的。

所以我也不明白你为什么每次都要把餐桌搞成小型剧场，把自己扮演成各种童话里的角色来哄孩子。每吃一盘菜都要把勺子掉到地上无数次，还要给他不断地唱儿歌。我记得我小的时候，大家都要在餐桌上坐好，把自己的那一份吃干净，每个人都要懂得照顾自己。

每次我和你提这件事情的时候，你都笑着和我说："你在说啥呢？你知道吗？人是不可能记得三岁之前发生的事情的。你不可能记得自己是怎么断奶的，也不可能记得当时的情况。"

也许你是对的吧。但是我想我的父母并没有花很多的工夫来哄我吃饭吧。我小时候很快就能把该吃的吃完，基本上不会闹腾。我保证我也从来没有把食物弄得到处都是。

"怪不得你是个那么严格的爸爸。你恨不得用管子插到胃里给宝宝喂食，也不想他把一丁点食物弄到地上呢。"你回应道。

你让我无言以对。接着你又开始唱起了儿歌，还要模仿着直升机把勺子凑近宝宝的嘴边。宝宝很开心地大口大口吃着，然后又偶尔吐出几口，喷到你衬衣的领子上。你拿起餐巾纸擦了擦，又开始再次重复着同样的步骤。

过了几个月之后，宝宝就可以把自己盘子里的东西吃得一点都不剩了。宝宝开始能把妈妈给他准备的小肉丁、西红柿意粉、烤土豆、西葫芦、烩饭等各种各样的菜式都吃完。现在无论谁看到我们的餐桌，都会感叹我们真的已经是像一家人一样在吃晚饭——我们有了自己的餐桌礼仪和习惯。

每当我下班准备回家的时候，脑里装的都是我们一家人其乐融融地坐在餐桌上的画面。我和你面对面坐着，而宝宝则高高地坐在他的宝座上。他就像国王一样，在餐桌上展示着他的力量，向我们宣示着主权。

他开始学会了挑食："不，我不吃，不要。"你总是以温柔的声音劝他尝尝你给他准备的各种菜肴。我经常会看到你最后还是会放弃，让宝宝获得他的胜利。

有一天，我在卧室里问你，可不可以由我来掌管餐桌上的规矩，你对我的这个提议非常满意。你说孩子还没吃完就到处乱跑的这种行为让你感到很头疼。虽然无论是谁看到我们宝宝圆滚滚的样子，都绝对不会对他的营养担心。但是如果他挑食，你还是会觉得坐立不安，会想尽一切办法来保证他的营养平衡。你会给他煮各种健康又美味的菜肴，在他的小碟子里准备各种蔬菜和水果组合。你希望把他培养成一个不挑食，懂得享受各种食物的孩子。

"我妈给他吃了炸薯条还有炸猪排。"几个星期前你抱怨到，"他吃了这么香口的东西后，我还怎么给他吃胡萝卜还有西葫芦啊？"

现在既然由我来主管餐桌上的规矩,那么你就可以专心准备食物了。现在让宝宝把东西吃完是我的任务了。我们的座次安排也发生了变化——我坐在桌头,宝宝坐在一边,你坐在另外一边。这样子就由我来给宝宝拿面包倒水,甚至是捡他掉下的勺子了。他还是偶尔会挑食,但我总是以威严的声音告诉他没有吃完自己的食物就不能离席。我会教育他道:"要像爸爸这样做。"

孩子会看着我把盘子里的东西全部吃完,甚至连汤汁都不剩。我觉得这已经成为我和孩子两个人之间的某种仪式。他也学会了满怀热情地把自己的那份很快地吃完。在他吃到一半的时候,我会给他撕几块面包:"吃完后还可以用面包把汤汁蘸一遍吃掉。"

每当到这个时候,他总会加快速度把剩下的东西都吃完。

有一天晚上你和我说:"幸好有爸爸们的存在。如果我要自己一个人管他吃饭,我肯定会焦虑死的。我小的时候,我妈就会拿着叉子在家里追着我喂我吃饭。幸亏上帝发明了爸爸。"

我来到厅里,给自己奖励了一颗巧克力。爸爸们就是那么的能干又爱吃甜食。我甜甜地亲了你一口。

♀♂ 挑战

无论是哺乳还是喂婴儿食品，给孩子的生存提供全面而均衡的营养都是至关重要的。妈妈非常清楚这一点，在刚开始的几个星期里，她们在这个任务上投入了几乎所有的时间和精力，甚至是体力。爸爸们对这个问题也很有了解，因为如果孩子们在营养上出现问题，那么整个家庭都会陷入困扰之中。营养不良的问题会让父母非常焦虑，他们会向医生或者是身边的人求医问药："为什么我的孩子不吃东西，也不长个儿呢？"

这对于大人们来说是一件体力活，因为他们要学会适应孩子的作息时间。这种作息时间在刚开始是不规律的，在母亲温暖湿润而又安全的子宫里待了九个月后，新出生的孩子们还在探寻自己作息规律的过程中。

应对这个问题的秘密就在于要有足够的时间、耐心和精力。女性们一开始的时候还在从分娩的劳累中恢复过来，有时候她们甚至会感到沮丧（产后忧郁症）。爸爸的角色在这个时候就显得至关重要了。他们如果能准时回家陪伴家人，就能够让伴侣获得喘息空间，从而更好地找回生活的平衡。此外这也有助于母亲将自己的安全感传递给宝宝，这种良好的三人关系在断奶期是非常重要的。在断奶期内，宝宝们会逐渐放弃母乳而更加偏爱糊状婴儿食品。

断奶这一过程会伴随着许多情绪上以及关系上的变化。譬如在喂食这件事上，妈妈就不再需要独自承担所有任务了。

对于母亲来说，这也是一个逐渐和宝宝拉开距离的过程。从乳头转向小勺子，从母乳转向婴儿食品，当妈妈们开始用奶瓶给宝宝们喂奶的时候，就会慢慢接受宝宝们现在可以一定程度上脱离她们保护的这一事实。

对于宝宝来说，坐在自己的座位上用双手吃饭，虽然会把食物弄得满身都是，但却是一种革命性的进展。在断奶期间，宝宝对妈妈的依赖会逐渐减少。在这一时期宝宝会发展出全新的自主体验，虽然大多数情况下这种自主性还是十分有限的。

这一过程很容易让家长产生焦虑感。因为困难的地方不只在于学会为宝宝准备糊状婴儿食品（通常儿科医生们会给出详细的食谱），更在于要重新建立一套给孩子喂食的方法和程序。

当宝宝开始坐着用勺子吃饭，父母和宝宝之间的互动不再只是身体上的（哺乳），而且还是语言上的。父母们必须通过直接喂食或者做游戏等方式，来鼓励孩子尝试各种不同的食品和味道。这需要父母二人紧密分工合作——无论运用哪种方式，对于一个人来说都是过于沉重的任务。

大家常常听到爸爸们抱怨说："一到该我照顾孩子

的时候，我就恨不得去死。"又或者："喂孩子吃饭简直就像打仗一样。"这些话透露出了爸爸们心中的恐惧和无力感。而妈妈和孩子也会因为爸爸的消极而陷入一种困境中。这样子其实对大家都没有好处，只会让餐桌上充满负面情绪。有的妈妈会担心新的食物比起母乳来说不够营养美味，又或者是太硬了会噎到孩子。

当母亲哺乳时，有时她们的愤怒反而是最显而易见的。在刚开始的几个月里，母亲们会容易感到精力和体力上的双重重压，感到与原来的生活完全脱节。她们的全部时间和精力都被喂奶和换尿布所占据，连和朋友打电话谈心的时间都抽不出来。当这种压力占据上风的时候，妈妈们便可能会觉得孩子就像吸血鬼一样吸取着自己所有的时间和能量。

这种愤怒最容易在她们极度疲劳或缺乏睡眠的时候爆发。这时即使是宝宝在哭泣，她们也不会有动力去了解宝宝究竟是饿了还是困了。

这种愤怒的爆发意味着母亲所承受的压力已经超过了她们所能够忍耐的极限。她们此时非常需要良好的休息，需要将孩子转交给别人帮忙照顾一下，让自己补充一点睡眠，找回内心的平衡。

如果当母亲们在哺乳时遭遇到了宝宝的反抗而感到恼怒，这时最好的做法就是让自己冷静一下，让伴侣或家人先帮一下忙。她们也可以向女性朋友们求助，让她们在午饭或者晚饭的时候陪伴自己。这样做会有助于改善用餐的气氛，让自己放松下来。

妈妈们通常会使出浑身解数来让孩子吃饭——如果孩子在家里乱跑，她们会拿着勺子追在身后；如果孩子不爱吃，她们会在一个星期里换三次菜谱，以满足他们对饮食的各种要求。

爸爸们通常不会那么紧张，他们一般会更注重孩子们进食的整体环境，而不是他们某一顿饭吃了什么或者吃得怎么样。

因此，夫妻二人可以展开分工以帮助孩子学会吃饭，并且吃得健康。食物固然非常重要，但是吃饭的方式以及餐桌礼仪的重要性也是不容忽视的。如果夫妻两人可以一人负责食物的质量（从第一天开始便是如此），另一人负责宝宝的用餐习惯，那么在面对这个艰巨的任务时便可以更加得心应手。

在2~3岁的这一年龄段，爸爸对孩子用餐以及和家人相处方式的教导是至关重要的。爸爸需要教会孩子如何遵守一定的规矩，从而避免将餐桌变成一家人的战场。

如果夫妻双方能够合理分工，共同努力，那么餐桌上共同度过的时间可以增强家庭的凝聚力，并为一家人带来轻松愉快的体验。爸爸妈妈们也能从自己的成就中获得更多的满足感。

当儿科医生给宝宝做完检查，宣告宝宝正在健康成长的时候，相信每个父母都会感到深深的骄傲与自豪。他们可以高声宣布："我们对自己和孩子都感到很满意，一切都在顺利的发展。"

> **推荐影片**
>
> **魔法保姆麦克菲**
>
> 导演：柯克·琼斯
>
> 喜剧片，英国，2005，97分钟
>
> 一个丧偶的爸爸养着七个古灵精怪的孩子，手足无措的他决定聘请一位保姆。正在孩子们连续吓跑了17个保姆，主人公深陷绝望的时候，一个长相极为丑陋的保姆毛遂自荐，成了新的保姆。她拥有特殊魔法，能把孩子们管教得服服帖帖的。
>
> 影片展示了一系列让大人们头疼的情景。在面对这些调皮捣蛋的行为时，大人们不得不展示自己的权威和手腕。
>
> 影片中的魔法保姆是一位虚构的人物，在真

实世界里父母们并没有这些魔法能力。但这不妨碍他们在必要的时候向孩子们展示强硬的一面。这种强硬其实是对孩子的一种馈赠，能让他们沿着正确的道路成长。

思考点

独立思考以下问题，然后找一个两人独自相处的机会，就各自的观察和思考进行交流。

- 片中保姆的哪些特点在你们身上也能找到？哪些特点是你们不具备的？
- 回忆一下某次你们的伴侣在孩子面前展示权威的情景。孩子当时是如何反应的？你自己又做过哪些尝试？
- 回忆一下某次你们面对孩子没能坚持自己的态度和立场的情景。后果如何？你的另一半当时其实可以怎样帮到你？
- 为了大家的用餐愉快，你最想给孩子定下的五条用餐规矩是什么？

魔法保姆的五条规矩

以下是魔法保姆给孩子们定下的五条规矩。这些规矩是陪伴孩子成长的极佳引导。

1. 不要吵架，不要找借口
2. 要大方的分享
3. 要互相帮助
4. 要勇敢
5. 要有信念

♀ 女人的大脑里发生了什么

哺乳对于妈妈和宝宝来说都是一种愉悦的体验。每天频繁的长时间身体接触让妈妈和宝宝之间的情感纽带得到巩固，并能促进母亲的荷尔蒙分泌，让她们给予爱的能力得到提高。也正因如此，她们能够在这一时期不需要和伴侣做爱就能获得生理上的满足。这对男人们来说确实不是什么好消息，但了解伴侣暂时性欲缺失背后的原因，有助于他们更好地理解伴侣，并平静地度过这一特殊时期。

美国学者曾用母鼠做过一个实验——笼子内装有两个按钮，当第一个按钮被按下的时候，一定数量的可卡因会被释放给母鼠；当第二个按钮被按下的时候，母鼠的一个孩子会被放进笼子并要求哺乳。在大多数的情况下母鼠都会选择给孩子哺乳。我们虽然不知道这个实验结果在人类身上有多大的参考意义，但是可以肯定的是，这种有助于物种繁衍的行为是所有动物根深蒂固的本能。

然而哺乳并不总是让人愉快的——有的妈妈会在哺乳上感到非常费力。这种现象可能是由各种各样的原因而导致。母亲在她自己的幼儿时期接受过怎样的照料，会对她的哺乳表现有很大的影响。她以前所接受的照料方式会在一定程度上决定她会如何照料自己的孩子。然而在生命最初几年里的被爱的体验以及和伴侣间稳定的关系都能帮助母亲谱写新的剧本。爸爸在这一方面需要学会注意到伴侣哺乳时所表现出来的紧张和不适，并且及时地给予帮助。

妈妈心里对宝宝的爱是永恒的。母亲和孩子经常的互动会让其体内持续地分泌多巴胺，让她们感受到喜悦和健康，从而加深母子之间的感情。无论是用自己的双乳亲自喂奶，还是通过奶瓶和奶嘴喂奶，都是一种独一无二的爱的见证。

和宝宝任何形式的分离（例如断奶）都会给女性带来戒断症状。这种症状会让母亲感到空虚并让她们产生不适，就如吸烟者发现自己身上没有烟了一样。从全职在家照顾孩子,到重新回到工作岗位,并把孩子依托给别人,这对于任何母亲来说都是一个艰难和敏感的过程。

断奶对于孩子的成长是一个重要的分水岭,它意味着孩子从对母亲的完全依赖发展成可以从母亲以外的第三人处获得营养和照料的转变。父母对这种转变的支持是至关重要的。他们应该鼓励孩子多尝试不同的新食物,也应该尝试让更多不同的人对孩子进行照料,因为这都能更好地让孩子体验和接受自身的改变。

如果在面对这种转变时表现出不接受的态度,认为这一转变是一种损失,那么就很可能会造成许多问题。宝宝对食物的拒绝会为其健康带来很多困扰,也会为母亲带来大量的烦恼。在这个时候妈妈们需要依赖来自伴侣的不断支持。男人们应该不让她们感到孤单,给予她们可以依靠的肩膀。爸爸们的全力支持是妈妈们安全感的来源,只有这样她们才能放下悬在半空中的心。爸爸和妈妈在心灵上和行动上的互相支持是孩子健康成长的最佳保证,能让孩子在不断探索自主能力的过程中更加顺利。

孩子们开始学会自己吃饭,并且接受大人们的食物意味着一个全新的开始。这为家庭提供了互相沟通和分享的机会。父母双方需要对餐桌上宝宝要遵守的一些基本规矩达成一致。比如吃多久,吃什么以及如何应对宝宝任性,这些问题都是需要父母好好讨论并达成共识的。

妈妈们通常会担心宝宝吃得不够,或者是自己的奶水营养含量不足,又或者是单纯的糊状婴儿食品并不足够。她们知道食物是孩子生存及成长的首要因素。作为为孩子提供食物的人,妈妈们在感到自身重要性的同时也会感到巨大的责任感。她们最常听到的问题之一就是:"孩子把你吃空了吗?"(就像孩子是食人魔一样)而当她们自己去托儿所接孩子的时候,也经常会问老师宝宝吃得怎么样。这种焦虑和担心导致了她们为了让孩子张嘴吃饭可以做出一切牺牲——她们可以拿着勺子跟在孩子屁股后面喂食,也可以允许孩子在电视机前吃饭,又或者是打断餐桌上所有人的谈话,只为了照顾自己的孩子。

可靠和能干的父亲能很好地为伴侣提供帮助,共同引导孩子去遵守必要的餐桌规矩。为了达到这一目标,双方需要有明确的共识。

坚定的态度是教育孩子好好吃饭的重要因素,我们需要给孩子们定下为数不多但是非常明确的规矩。因为其实现在的孩子并不会因为营养问题而发育不良,更不用说饿死,而更多的情况是孩子们在营养充分的环境下养成不良的用餐习惯。

♂ 男人的大脑里发生了什么

孩子吃饭这件事通常会让妈妈们非常焦虑,而爸爸们一般则会更为冷静。因此男人们经常会生活在伴侣焦躁和顾虑的阴影下。"他吃够了吗?我的奶营养够不够?他身体发育还好吗?"——很多时候我们都会听到妈妈们在这些问题上非常的纠结和担心。而男人们在另一方面却很难理解为何他们的伴侣要在这些这些问题上如此担忧。

妈妈和宝宝在最初几个月里的共生状态其实是非常费神的,并且很容易成为男人们的煎熬。当女性们需要不断地为宝宝提供食物,让宝宝频繁地吸吮自己乳头的时候,她们非常容易在情绪上爆发。不只是在最初的哺乳期内,即使是在断奶期,如果孩子对进食抱有抗拒的情绪,试着找办法给孩子喂食的妈妈们也会经历这种强烈的负面情绪。

当爸爸们目睹类似场景时,他们可能有无力感以及被排斥在母子关系之外的感觉。如果在最初的几个月里母亲总是把孩子抱在怀里,并不断地给他喂奶,那这种行为很可能会在母子和爸爸之间构建出一道无形的围栏。另一方面,男性们还在性生活方面对伴侣有着天然的需求。而这一阶段的女性会全身心关注于宝宝和他们的吃饭问题,在满足伴侣在性需求方面形成一种难以解决的矛盾。

对于很多初为人父母的伴侣来说，这一阶段母亲的焦虑情绪以及（持续而让人痛苦的）哺乳有时会成为威胁到两人感情关系的因素。只有充分了解到要面对的困难和挑战，并善于和对方进行有效的交流沟通，才能在考验下保持并巩固这份夫妻间的关系。

很多母亲在分娩之后会把自己的身体当成是专门为宝宝而准备的产奶机器。这种观念可能在宝宝出生后最开始的一段时间里是有道理的。但是在分娩三个月后，重新开始夫妻间的性生活并重新找回两人间的私密关系（在没有特殊禁忌症的情况下）是十分重要的。

男人们需要帮助伴侣明白她们的身体不只是孩子的产奶机器，而且还是体现成年女性人格身份的载体，这个载体能让两个灵魂更好地连接在一起。男人们要学会重新撩起女伴的情欲和爱欲，最重要的是让她们感受到虽然自己增重了几公斤，也可能长时间没有化妆打扮，但是她们对于自己的丈夫还是同样的迷人和美丽。

♀ 妈妈给爸爸的建议

- 当你们觉得压力的程度快要超过可以忍受的极限、家里被灰暗的气氛包围，我们不再欢笑时，又或者是我们除了给宝宝喂奶什么都不做时，请帮我们放松一下吧。你们可以点一份外卖披萨，放一首欢快的歌曲或者是陪我们出门转一圈。
- 如果我们因为宝宝不好好吃饭而焦虑，为了喂孩子吃一口饭而无所不用、愿意做任何事情退让的时候，请你们挺身而出并大喊："停！他现在不吃一会也会吃！"
- 即使在断完奶，我们回到工作岗位之后，也请你们每天晚上都提醒我们是个称职并充满爱的妈妈。
- 请避免和我们说你们不喜欢今晚煮的汤又或者你们想吃炸猪排之类的事情。如果你想成为我们的英雄，而不是在桌底下被我踢一脚，那么请表现得很享受我们准备的美食的样子，我们做的饭不只营养健康均衡，还能帮你们减肥呢。
- 求求你们明白向宝宝解释为什么吃饭的时候他们不能看电视而你们可以，这是件不可能的事情。他们需要明确和统一的标准，如果吃饭时不能看电视，那么大家都不能看。我们能理解，你们早上六点就起床了，然后又在工作上忙了一整天，晚上确实需要好好地放松一下。但是记住你们可是孩子心中的英雄和榜样，他们会效仿你们所做的一切。正是因为如此，你们永远也是我们心中的英雄。

♂ 爸爸给妈妈的建议

- 如果你们喂奶顺利我们会为你们感到开心。当你们遇到困难的时候，我们也会为宝宝和你们感到担心。但要明白这也不是什么大灾难。我们还是可以用奶瓶和奶粉来尽力帮你们的，就算在夜里也是一样。生活总是有光明的一面的。
- 奶奶们、姑妈们、保姆都会说："现在不吃，一会也会吃。"在意大利过去几十年里都从没有过孩子因为不吃饭而饿死的记录，所以我们也完全不用担心我们家会打破这个记录吧。就算他没喝完奶瓶里所有的奶、吃完碟子里所有的食物，我们也根本不用着急上火。
- 孩子确实需要学会多吃蔬菜以及各种配方的婴儿食品。但是我们男人们还是需要吃肉的。在原始时代我们男人要和猛兽搏斗，然后把肉带到家里烤熟吃。所以即使家里的孩子还在断奶期，也请不要让我们忘记肉是什么滋味，好吗？

- 在家里追在孩子身后一边唱:"好孩子来吃饭,张开嘴巴吃一口。"一边端着碗喂他吃饭其实并没什么用,而且会让我们这些当爸爸的感到紧张。
- 如果我们定下了一些餐桌规矩,就让我们来维持这些规矩吧。也许他们会反抗,但是我们会懂得如何对付他们的任性。

第六章

宝宝要不要和我们一起睡

♂ 他的视角

今天可是重要的一个晚上。我们终于决定让宝宝开始自己一个人睡了——在他自己的房间里，在他自己的小床上。实际上我们在几个月前就已经做出这个决定了。他晚上要进食的次数逐渐减少了，这意味着我们也不用整夜都照看他了。

但是，每当到午夜的时候他就会开始哭闹。有时候是小声地抽泣几声，有时候却是撕心裂肺地大声哭喊。我们通常会轮流从床上爬起来去哄他，直到他再次睡去为止。再之后在大概凌晨三点的时候，他又要吃一顿。有的时候在早上六点的时候他又会醒来，我们也只能再去把他哄好。说真的，这种规律的频繁醒来让我们觉得比交税还要痛苦。

有时我们为了能继续好好睡觉也只能进行退让。有时是因为天气很冷,有时是因为我们白天被各种琐碎的事情耗掉了所有的精力,我们头一碰到枕头就能马上昏睡过去,所以当晚上十二点宝宝的那阵哭闹打断我们的睡眠时,那感觉就像被迈克泰森重重打了一拳一样。我们只能把宝宝抱到大床来和我们一起睡。神奇的事情是他只要在我们身边,就会平静下来并很快睡着。

但是我们很快就会沉溺于这种舒服的选择。就像在经过少年时期到处穷游只能住帐篷或者青年旅馆后,终于可以去住五星级酒店一样——从俭入奢易,从奢入简难啊。现在孩子更多的是和我们一起,而不是在他自己的房间里睡。有一次宝宝得了恼人的感冒,让我们连续三个晚上都没好好合眼休息。我们也只好让宝宝睡在我们两人中间,而他也是很快就舒缓下来了。在那之后的晚上,我们每当要把他放到自己的小床上时,他都会进行更加激烈的反抗。总而言之,我们被困在了自己构筑的牢笼里。

因此我上个星期就和你提议说:"我们要不利用十一月的小长假(刚好我们有连续4天的休息时间)好好重新教育教育宝宝在自己的房间里睡。从10月31日起,我可以负责这个任务。如果他要是哭闹,我就去他的房间里照顾他,绝对不会把他抱过来。你就待在你自己的房间里不要出来了。"

你笑着回答道："我怀疑我们的小王子不会那么容易就缴械投降呢。或许他还没准备好做这么大的改变。我这几天刚好读到了一篇文章说到孩子和父母一起睡的好处——和父母一起睡的宝宝显然会变得更为敏感，在情感发育上也会更好。"我就想说如果有什么你不是很让我很喜欢的地方的话，那就是你总是读得太多了，特别是读那些对我们现在毫无帮助的东西。我对大家共享一张床有什么好处一点兴趣都没有。我依然还是独立睡眠的忠实拥护者。我喜欢和你独自享受大床，享受柔软舒适的床垫，而不是为了不压到孩子而只能躲到床边上。还有就是宝宝不知道为什么最喜欢横着睡（就像他要专门把我们分得更远一样）。总之一起睡对于他的好处会损害到我的需求。我觉得孩子身边需要一个睡眠充足、精神饱满而不是从早上一起来就充满怒气的爸爸。

最后，你还是放弃了你的理论。你说："如果你想试的话，那就试试吧。如果在这四天里你能成功地完成任务，我也会很开心的。"

今天是个大日子。从早上我就对我们的小狡猾不断地说从今天起他要自己睡了。他对我笑着，我不知道这到底是欣然接受还是挑衅的姿态。我在一本书上读到（对的，我也会读）即使孩子们一句话都听不懂，家长们最好还是要把自己的意图告诉他们。在晚饭的时候，他坐在自己的婴儿椅上,把碟子里的"噗噗"(他这样叫我们给他准备的水果糊糊)弄得到处都是,而我则在一边继续给他灌输着要自己睡觉的观念。

晚上沐浴更衣后我们就准备好去睡觉了。你直接去了我们的房间,而我把孩子抱进了他的房间。我刚把他放到自己的小床里,他就马上坐了起来,用手指指着房门并发出奇怪的声音——他想要用自己的语言告诉我他想要去大床上和我们一起睡。但是我把他重新按在了床上,告诉他说今天晚上不行,今天晚上要自己睡。慢慢地他也困得睡着了(实际上每天晚上第一次哄他入睡并不是很难的事情),而我也回到了自己的房间,为下一场战斗做准备,下一场战斗应该会更艰难。

只过了一个多小时,他就吹响了第二轮战斗的号角。我们听到他以哭闹的形式呼唤着我们。我进入了他的房间,看到他已经站在那挥舞着双手,好像要告诉我:"快把我抱去大床那!"然而我把他再次按到了他自己的床上,用温柔而坚定的声音反复地和他说今晚绝不可能让他去我们的房间了。我可以感受到他的愤怒。现在对于他来说这已经不再是做游戏了,而是一场决定究竟谁是老大的搏斗了。我当然也对这场对决做好了准备。我知道我必须要保持冷静,继续以沉着的语气和他说话,在他每次尝试下床的时候把他重新放到自己该待的地方。我展示力量和权威的唯一方式就是用手掌轻轻地按住他的小胸脯让他躺回到床上,直到他感受到我的旨意——好好地躺在床上。我们两人之间的斗争持续了整整一个多小时。

第二天,你跟我说这是你生命里最长的几个小时。你在房间里能听到宝宝绝望的哭声,你想过以退让的方式结束他的折磨并给他安抚。但是我的脑子里只有一个简单而清晰的想法——帮助他渡过一个困难而痛苦的转变,而且我相信他也已经做好这样的准备了。

在经过一年的哺乳、爱抚、拥抱后,他已经能够明白家里有一个属于他自己的空间。他要学会自己一个人独处,而我们也要重新回到我们夫妻的二人世界中。我们的角色不再只是爸爸和妈妈了,更不再是他随叫随到的仆人。我们会慢慢接受孩子待在自己的房间里。一堵墙让我们看不到他也听不到他的呼吸声,但是我们确信即使脱离了我们无时无刻地照顾和控制,他也能学会好好地呼吸、睡觉、生活和梦想的。

在那段看似无穷长的时间里,孩子把自己的愤怒全部释放了出来。我没有离开他、抛弃他,而是一直和他说话,一直用手和他保持着身体上的接触。我也接受不了很多人处理这种事情的方法——让宝宝一直哭到停为止。我觉得这种方式只会传递给宝宝一种被抛弃的感觉。我希望宝宝感受到一种完全相反的感觉,我会一直都陪伴在他的身边帮助他更好地成长。

当我一遍又一遍地重复着同样的话时，我逐渐感觉到他的身体在慢慢地放松，他的反抗也慢慢地减少了。这个时候我可以不再和他说话了（在这段时间里我一直重复着：我们能够一起达到这个目标的，我和你一起，学会自己一个人睡。从今晚起，这就是你专属的床位。）。

随着CD的背景音乐我给他唱了一首安眠曲，在哭闹了整整一个小时后，他神奇地睡着了。我回到了我们的房间，发现你还醒着。你瞪着眼睛对我说道："如果他再哭多一分钟，我肯定要跑过去把宝宝抢过来的。"

我看着你回答道："他的成长注定是一条艰难的道路，需要有人肩负起指导他的重任。"

你没多说什么就把屋里的灯关掉了。我说下次他再醒我会再去照顾他的。你却说："下次会是三点钟他要吃饭的时候。那时候让我去吧。"

我们没有再多说什么就睡过去了，当我们再次睁开眼睛的时候，阳光已经透过百叶窗照到屋里了。已经是早上了，而宝宝竟然还在熟睡。你紧张地跑下床去他的房间里看是不是发生了什么意外，而当你进入他房间的时候，只是看到他肚皮向下地趴在那里沉沉地睡着。

过了一个小时，他终于醒了过来。当我们靠近他床头的时候，他朝我们开心地笑了起来，并伸出双手想要我们抱抱。

从第二天晚上开始,哄他自己睡觉再也不是什么困难的事情了。他也不再需要在半夜再吃一顿了。

♀ 她的视角

你就像中了彩票一样眉飞色舞地上了床。我问你:"宝宝睡了?"

"睡得像小天使一样。"

"那是。他哭得那么撕心裂肺,当然是累得筋疲力尽了。"

"我对他还是很温柔的,我一直在摸着他,一直和他说话,我还给他唱了儿歌呢。"

"你会明白的。他想要抱抱,想要来我这儿。"

"我知道。但是我们说好了要让他自己睡觉的。"

"那是你自己说的。"

"亲爱的,才不是那样的。我们是达成了共识的。"

"那是在最后我不得不听你的。"

"你是在说我们不该让孩子学会自己睡觉吗?"

"当然如果他自己能睡那最好不过。但是他偶尔来和我们一起睡也没啥大问题啊。"

"偶尔?偶尔在你那等于一个星期七天吗?"

"他两个星期前才自己睡过一次呢!"

"对啊,那天晚上我们还要轮流去照顾他呢。你还记得那晚他吃了多少次吗?"

"如果他饿了那么我肯定要去喂他啊!而且如果我们让他一起睡,他也不会闹了。"

"当然。他肯定睡得比我要好啊。有天晚上我的枕头被抢了过去,然后一直睡在床边快要掉下去了。我还要提心吊胆以免压着他了。"

"对啊,我昨天也被吓着了。我醒过来的时候发现孩子被整张被子盖住了。我马上把被子掀了过去好让他呼吸。我还以为他窒息死了呢。我都要吓傻了。"

"说真的,只要为了他好,我连站着睡觉都可以接受。但是我觉得大床是为我们两个人准备的,至少我们应该像夫妻一样一起睡觉吧。我们的宝宝又不是外星人,他也需要像正常人类一样在自己的房间里好好休息啊。"

"他会慢慢学会的。只是每当我听到他哭的时候,我心里就会紧张起来。我会有一种想要去救他于水深火热之中的冲动。我简直想要冲进房间去把你亲手撕成两半呢。我也不知道自己最后是怎么忍住了。我只是怕你让他受太多罪,然而最后什么也帮不了他。"

"被赞赏的感觉真好。"

"哼,你应该为我现在还和你继续说话而感到庆幸。我跟你说,只要再多一分钟,我肯定就受不了了。

难道你没长耳朵吗？你不觉得心疼吗？"

你转过身来抱住了我。我知道孩子随时都会再闹起来，我也不会再允许任何形式的"实验"了。我真想紧紧地抱着宝宝，让他知道妈妈一直都在他身边。空气中的沉默蔓延着，然而我心里的紧张感却在逐渐地散去。我和你一起安静地呼吸着。我把背贴着你的肚皮，让你环抱着——这是我们喜欢的姿势。我们就这样安静地睡去了。

我睡醒的时候，阳光已经透过百叶窗照进了房间。我睡得实在是太香了。我看了看闹钟，已经是八点半了。我在哪？我是谁？过了两分钟后，我的意识才清醒了过来。

"天啊，你看都几点了？"

你慢慢睁开眼睛，问我："不知道啊……已经是早上了吗？"

就在你伸懒腰的功夫，我已经跑到了宝宝的房间里，我们的房间离得很近。就在我进到他房间的一瞬间，我的焦虑就完全消失了。我们的小宝贝还在沉沉地睡着呢，昨天晚上他竟然连被子都没踹掉。我的到来并没有惊醒他，或许是昨晚长时间的哭闹让他失去了意识？我想要把他抱起来，可是听到他均匀的呼吸声后，我决定继续让他再睡一会儿。

"还睡着呢。"

"你看,让他自己睡对他也有好处吧。"

"希望如此。我们要看他醒来的时候是什么反应。他哭了那么久肯定是筋疲力尽了。"

你从床上起来了,和我说道:"要不我们先吃个丰盛的早餐?"

说得好,我都快饿死了。"我现在就下楼去面包店买两个羊角包。我这身看起来像是睡衣还是像运动衫?"我问道。

"像运动衫。你就放心去吧。反正穿上大衣别人也看不出来你里面穿了什么。快去,我在家把咖啡煮上。我觉得这天堂般的时间是有限的。"

我穿得像绝望主妇一样就下楼去了。嗯,应该是主妇,一点都不绝望的主妇。因为我看起来一点都不像布莉·范迪坎。

"早上好!今天你看起来很精神啊!"面包店的老板总是喜欢赞美我。

"早上好!"我回答道,"请给我来两个奶油馅的牛角包。"

"好的,你怎么那么早就出门了?你家孩子还好吗?"

"好极了。我都不敢相信他昨天晚上竟然自己睡了,而且睡到现在都还没醒呢。连续睡那么长时间还是第一次呢。"

"怪不得你心情那么好呢。"

"我觉得今天爽极了。能连续睡一整晚真是奇怪的感觉。我连厕所都没去上。"

老板惊讶地望着我。

"我竟然好好睡了一觉,简直不可思议!"

排在我身后的女士心领神会地笑了起来。

"我跟你说。我的孩子快一岁了,我好长时间没睡得那么安稳了。"

"别提了。我自己也有个八个月的宝宝。"

"嗯,我们需要坚持自己的立场。他们还是会听话的。如果你把他们抱到自己的床上,然后让他们明白必须自己睡在那,他们迟早会学会的。天啊,好好睡一觉的感觉实在太棒了。大家再见啦!"

我跑着上了楼。你已经把餐桌和咖啡都准备好了,还放起了音乐。

"还在睡吗?"

"睡得可香了。我刚刚才去看过。"

"你确定他还好吗?我们是不是让他哭得太多了?"

"羊角包买了吗?"

"当然买了。我买的还是奶油馅的。"

"没买蜂蜜馅的杂粮牛角包?"

"管他呢,还不知道什么时候才能再有机会享受这美妙的时刻呢。"

我们在宁静中吃着早餐。我吃完后翻开了昨天的报纸，发现世界并没有和我一样沉睡，各种各样的事情还是在世界各地不断地发生着。

过了一会，我们听到了熟悉的动静。我马上就跑了过去，你则跟在了我身后。我们的宝宝竟然站在那扶着小床的围栏。他已经十二个小时没吃东西了，却还是健康地活着。他看着我们，开心地笑了起来。他的小脸实在太美了，而且看起来十分地放松。我把他抱了起来紧紧地搂在了怀里。

你说："让爸爸也抱抱。"然后他就伸长小手，展现出很想要到你怀里的样子。

我非常开心："我们的想法确实不错，对吧？"

"确实是……我们一起想到的。"

我看着你，你好像从来没有那么帅过。或许我们是在做梦呢？

♀♂ 挑战

我们经常会让小宝宝和我们一起睡，因为那确实是能给人带来很强的幸福感。在教育策略上这种做法被定义为"高度接触"，这种共同睡眠（所有人在一张床上睡），很多人认为这是一种孩子生命前几年里的推荐做法。不可否认的是这种方法确实能为孩子带来亲密感和安全感，能为亲子间的关系打下坚实的基础。

但是作为家长以及这一领域的专家，我们却不赞成这种做法——虽然一起睡确实能带来一些好处，但是孩子还应该尽早地学会在自己的地方自己睡觉。这可以让孩子明白他们不只能和母亲共生（像在哺乳期间），而且还能够自主地生活（譬如自己睡觉）。我们通常建议父母们帮助孩子逐渐习惯自己一个人睡。这可以从在你们的卧室里放上孩子自己的小床开始，在过了六个月后，再把小床搬到孩子自己的房间里，给孩子一个过渡的阶段。

如果孩子频繁在夜间醒来，需要你们轮流去照顾他，那么在这种情况下，大家的情绪健康和作息保障才是最重要的。只有在以上两点都得到保障的情况下，你们才可以考虑在头三个月里让孩子和你们一起睡。如果你们在白天非常疲劳，在晚上又受到睡眠不足的折磨，那么这并不能帮助你们更好地和宝宝建立健康的关系。

但是在头三个月过后，把他的睡眠空间和你们自己的区分开来就十分重要了。这让你们可以重新获得一个情侣间的私密空间，也能让他慢慢懂得虽然现在一切都还要依靠于父母，但自己已经是一个独立的个体了。他会从这时开始逐渐去尝试各种新事物，学会各种生存所需的技能，而不再只是当爸爸妈妈身体上的延续了。

宝宝在夜间频繁醒来会为许多人带来繁重的负担，

而对于少数人来说，情况会变得难以承受。这些人多数会因此做出不再生第二胎的决定。通常爸爸们会出于各种原因而对这种折磨表示出更多的不满——最重要也是最常见的原因就是他们早上还要起来去上班。结果就是妈妈们在看到孩子哭闹的时候也会感到强烈的焦虑感，因为她们知道孩子的吵闹意味着伴侣的休息也会受到影响。

在孩子出生三个月之后如果还是经常在夜里哭闹，那么很多父母会选择以下的对应策略：

1. 把孩子抱到大床上一起睡，这样一来他们就不用起床去照顾他了。
2. 爸爸搬去另外一个房间里自己睡以避免孩子的打扰。这样子妈妈可以担负起照顾宝宝的责任，而爸爸也可以更好的休息而不影响到白天的工作。

但是上述的两种方法都很容易形成习惯。或许我们刚开始只是因为急切需要良好的睡眠而把这些方法作为权宜之计，但是随后大家却很快地适应并保留了这些做法。这种情况并不罕见，最后的结果通常是父母要去咨询育儿专家，因为孩子这时已经不再想要学会自己睡觉了。更严重的是，在上述的两种方法里伴侣两人都会被分开，导致缺少重要的情侣间的亲密接触。

在宝宝和父母不同的需求之间找到一个平衡点不

是一件容易的事情，特别是对于许多第一次当父母的夫妻。在书店里大家可以找到很多指导父母如何让孩子入睡并重获安宁睡眠的书籍，但实际上这是一个需要父母自己逐渐探索学习的过程。在这一过程中，父母需要不断地将自己和宝宝的需求进行协调和同步。

有一点是父母需要明白的——新生儿和成人的休息方式是截然不同的。新生儿会在睡眠期间短暂地醒来，对应的是他们的浅睡眠（梦也是在这期间发生的）。因此并没有必要在他每次醒来的时候都跑过去哄他，他其实并不饿，也没有什么别的特殊需求。母亲并不需要在孩子一醒来时就把他抱进怀里进行喂奶。

此外，在最初的几个星期里，父母的作息规律和照顾孩子的规律其实都会反过来对孩子本身的作息习惯起到潜移默化的作用。睡眠其实是一种后天习得的行为，这种行为既取决于基因（每个人都有自己潜在的生物钟），也取决于环境因素以及行为因素的影响。如果你们决定了孩子自己的小床是他应该睡的地方，那么他也有可能更容易接受这一现实。

你们可以把婴儿床看成是每个宝宝的"梦之家"。虽然婴儿床通常都非常舒适，却还是需要给予点缀，让这张床在宝宝眼里变得更有识别性。一种做法是可以把妈妈早上穿过的衣服放在床边，让母亲的气味为宝宝带来熟悉感和舒适感。

你们也可以从一开始就让宝宝习惯于在柔和的背景音乐中入睡。不要改变这种暗示刺激,要一直使用同样的行为组合——放上音乐,抱他一会,然后把他放到自己的小床上并把带着妈妈气味的衣服放在旁边。你们也可以在他身边稍微待上个几分钟,让他感到保护自己的人就在身边。在连续几个晚上都安静有序地重复同样的过程后,你们可以观察到,多数情况下让他自己睡觉会比你们想象中的要容易。

推荐影片
—
为子搬迁
导演：萨姆·门德斯
喜剧片，美国-英国，2009，98分钟
—

伯特和维罗纳是一对三十多岁的恩爱夫妇。维罗纳怀孕了，他们决定进行一场长期旅行来到处访亲探友。他们想向亲友们分享自己的喜悦，同时向过来人学习经验。

他们在旅途中碰到了形形色色的人，更重要的是，他们通过亲身体验懂得为孩子的到来做准备是一种内心的修行——他们不仅要学会了解自己，更要学会接受他人不完美的地方。

影片中的某些片段会让人捧腹大笑，和伴侣一起观看会是一个很好的选择。

在关于和宝宝一起睡还是分开睡这个问题上，他们碰到了一个坚持新世纪哲学，决定和宝宝一起睡以保持亲密接触的家庭。

思考点
- 哪个人物给你留下的印象最深？为什么？

- 你们从主角和其他人的会面中学到了什么？根据你们的观察，在和孩子与伴侣相处的时候有哪些错误是可以避免的？
- 如果你们也可以和伴侣计划一场寻找成为优秀父母秘密的旅行，你们会去哪？你们都会去见哪些人？为什么？
- 在你们生命里的哪些时候你们学到了关于为人父母的事情？
- 你们在睡觉这件事上都定下了哪些规矩？你们之间谁会在遵守这些规矩上有更多的困难？在看完电影后，你们对这些规矩有什么新的看法？

♂ 男人的大脑里发生了什么

男人们是最适合让孩子们入睡的。孩子们闻不到奶的味道，所以他们直觉上会明白和爸爸在一起的时候爸爸并不能给他们喂奶。这其实是男性一个很大的优势，如果能在屋里放上轻柔放松的音乐，把屋里的灯光调暗或者是完全关掉，那么孩子或许会觉得这时候最好的选择就是睡觉了。

此外，如果男人能够学会在孩子哭闹的时候保持冷静（女人在这种情况下会马上警觉起来），他能让孩子更好地去体验，进而学会包容和战胜自己的负面情绪。

总结起来，爸爸是帮助孩子学会自己睡觉的最好人选，因为：
- 爸爸不能喂奶；
- 爸爸在孩子哭闹时更能保持冷静。

为了让这项工作更有效地进行，我们要避免以下一些常见的错误。

首先，爸爸们不能宝宝一哭就开始生气。很多爸爸都是在"男子汉流血不流泪"或者是"只有小姑娘才会哭鼻子"这样的教导下长大的。当他们面对孩子的眼泪和哭声时很可能会选择远离现场。事实上男人们对哭泣这种行为会有所抵触，而且不愿意参与到（自己或他人的）这样的行为中。所以在面对孩子的哭喊时他们通常会马上把孩子直接放到伴侣的怀里，并对她说："他饿了，你来搞吧。"实际上每次都把责任推脱于妈妈们无论是对伴侣还是对自己都是没有好处的。如果长久如此，他们很可能会在不久的将来就需要从专家那里寻求帮助了。

研究者们利用核磁共振成像对成年人（不分男女）"发呆"状态（或者可以叫作"脑部休息"，这时人的思绪会自由漂流，而主动认知机能也会暂时停止）进行了研究。他们发现当孩子哭闹的时候，男人和女人的大脑会有截然不同的反应。

当受到这种听觉刺激的时候，男性脑中的两个负责"发呆"状态的区域（内侧前额叶皮质和后扣带回，两个关于反省和自身思考的部分）会停留在激活状态。而女人们的这两个部分同时会停止工作，让她们对外部刺激警觉起来，随时为照顾好宝宝做好准备。

在紧急情况下，男性这种缓慢的反应可能会带来负面的效果。但是在面对让孩子睡觉这种较为简单的任务时，爸爸们却可以更为冷静和沉着。他们应该更好地利用这种天赋，把自己冷静放松的情绪传递给孩子，让孩子更安稳地入睡。

保护好大床这片夫妻两人的私密领地还有另外一个好处，这能让夫妻双方的性生活更加紧密和谐，也能更早地唤醒产后女性的情欲。

如果这个因素能在一开始（特别是产后妈妈的性欲缺失）的时候让夫妻二人更好地自我调节以及谈论他们的欲望，那么从长远的角度来看，这会成为夫妻爱情关系的一种催化剂，让两人重新进入蜜月般的亲密关系。

通常父亲们会陪伴孩子们入睡，帮助他们养成自己一个人睡觉的习惯。让孩子们习惯离开妈妈的怀抱一直都是爸爸们的任务。在另一方面，帮助妈妈们免于为宝宝的生存过于担心，也能更好、更快地重新激活伴侣在性方面的欲望，让两人重新回到恋爱关系中。

♀ 女人的大脑里发生了什么

在第一年的时间里，母亲和宝宝间的每个互动都会加强他们之间的纽带关系，让新生儿对这个世界建立起信心。母亲能够和孩子之间产生共鸣，解读他发出的每个信号，从而满足他的需求。母亲对孩子重复了无数次的照顾让孩子心理上形成了安全感的根基。女性们会意识到自己的重要性，她们会尽可能地在孩子身旁并随时准备好对孩子的所有需求进行回应。孩子晚上的哭闹会唤醒母亲为孩子喂食的本能（这是解决大多数孩子哭闹的最简便的方法）。实际上母亲的大脑是被设定为要为孩子提供充足食物的，在孩子哭闹的时候要阻止她们去进行介入会消耗她们大量的心理能量。把照顾孩子的责任转交给伴侣，对于她们来说是很不自然的。

一个充满爱、愿意给予照料的父亲可以给到母亲非常大的帮助和支持。在现代社会里，父亲的责任不再只是外出猎食以及保护家庭不被外敌侵袭了，他们现在还需要积极地参与到照顾和教育孩子的任务中去。与伴侣一起研究如何保证充足的休息对于全家人的健康来说都是一项非常重要的挑战。睡眠的欠缺会导致疲劳的积累以及精力和体力的透支，从而导致全家人的不满足和紧张感。良好的休息对于所有人来说都是不可或缺的，这能够帮助大家拥有良好的心情，让家庭气氛更为和谐。

女性们面对压力时会比男性更加敏感，而且负面情绪也会给她们心理上带来更为严重而持久的影响。当她们听到孩子哭泣的时候她们脑中所谓的"爬行动物部分"会被激活，让她们对孩子的生存及安全更为担忧和警惕，这种反应是一种本能的触发，会让她们对其他事物的注意都暂时麻痹起来，迫使她们马上找到解决问题的方法。从一方面来说，这是女性们天生的一种优势，让她们的注意力随时都能集中在照顾和保护孩子上。但在另一方面，这个过程会消耗她们大量的能量，有时甚至会造成她们大脑功能上的短路，让她们权衡事情轻重缓急的能力大大下降。这种失衡会让她们觉得宝宝们无法忍受一点的不适，又或者是对伴侣及相关语境缺乏关注。

然而有时候孩子的哭声并不代表着他们有什么特定的需求，这时即使是妈妈的照料与怀抱也不一定能让孩子停下来。这种情况下妈妈的紧张感也会随之增加。爸爸这时就要发挥自己的作用了，他们的特长是让长时间哭闹的孩子平静下来。孩子的哭喊对爸爸的影响并没有像对妈妈那样具有戏剧性效果，爸爸们能够更加冷静地处理这种情况。通常他们的这种冷静在孩子半夜哭闹的时候最能起到作用,能让孩子更好地放松下来并安静地入睡。

这种冷静还能对夫妻二人的健康起到直接的作用。对于女人们来说,愤怒情绪引起的紧张感会对她们的健康造成很大的威胁。一旦她们生气了,她们需要相当长的时间才能平复下来。

矛盾的是,当母亲们在照顾孩子这件事上越是紧张焦虑,她们就越难以胜任。因为她们的理性经常会被过度的焦虑所战胜,导致她们做事情事倍功半。这种焦虑情绪同时也会大大降低她们的性欲,对夫妻关系造成很大的损害。如果男人们能发挥积极的作用,分担伴侣的重任,在孩子睡觉这件事上加以主导,将带来两个明显的好处:

1. 妈妈们不仅能够得到更好的放松和休息;
2. 她们对丈夫的爱恋也会进一步得到加强。

♂ 爸爸给妈妈的建议

- 如果我们为了能睡一个好觉,决定让孩子和我们一起睡大床,请不要每隔五分钟就醒过来提醒我们不要压到孩子。

- 就算我们的孩子晚上一直哭影响到邻居了,请记住他们也有过小的时候,说不定他们也是父母呢。他们并不会在第二天早上拿着驱逐令在楼下等我的。
- 刚开始让宝宝自己一个人睡的时候,他们肯定会有所抗拒,很多孩子都会在刚开始的几个晚上哭个不停。但这并不代表他们是在遭受折磨,他们的生命安全更是不会受到任何威胁。他们终究会习惯的,就像我们每个人一样。我们当年也经历过这一过程,而我们现在还是活得好好的。
- 就算宝宝在我们房间里,睡在他自己的小床上,我们也可以亲热一下而不必害怕吵醒他,或者吓着他。如果你真的怕,那么我们可以把他抱到他自己的小房间里。但是我不想在我们做爱的时候还不断地提醒我们要慢一点,不要吵醒宝宝了,你要知道这可是大煞风景的。
- 已经六个月了,我们该重新回到夫妻的正常生活了,我们也不是说真的就欲火焚身控制不住自己了,我们只是正常的男人,而我们也是正常的情侣,相爱也意味着性生活方面的和谐,你们现在当妈妈了,这一点反而更重要了。

♀ 妈妈给爸爸的建议

- 如果我们在你们讲述自己白天工作上的细节时打瞌睡了,请不要生气,我们只是晚上睡得实在不怎么样,非常需要补觉而已。我们其实是真心想了解你们一天过得怎么样的。
- 如果宝宝睡得很香甜,而你也想来点激情浪漫,请不要在电视上看惊悚的节目。我们在这一阶段会变得非常敏感,只要一点点的惊吓就能让我们的欲望烟消云散。请避免让我们看到任何类似的刺激。除非你们是想一晚上都在床上听我们讲自己的内心故事还有各种鸡毛蒜皮的事情,让你们一整晚都睡不好。
- 如果你们确定宝宝已经准备好自己睡了,那么请不要让我们的阻挠影响到了你们。我们是女人,我们受不了这样的场面。虽然很难接受,但是我们还是选择信任你们的。
- 请原谅我们总是在被子底下踢你们。但是我们真的太累了,需要好好睡一觉,而你们的呼噜声是我们入睡最大的障碍。
- 谢谢你们在晚上陪我们一起醒来,在孩子需要我们的时候陪着我们。一想到你们是如此的坚强和勇敢,能和我们一起面对疲劳,我们就会感到十分的欣慰。

第七章

玩耍是件严肃的事情

她的视角

厨房里的餐桌总是不够大。

"我来,我来。"

"先把胶水涂上去。小心别弄洒……好吧,无所谓了。现在我们要用小刷子……不行,不能用手!要用小刷子。对了,真聪明!"

"妈妈,痒。"

"来,把小手给妈妈看看。嗯,是胶水粘在上面了。现在要等它干掉,然后就可以撕下来了。"

"撕下来。"

我们在做着小手工,用刷子在一个气球上涂满胶水,然后再用旧报纸覆盖上去。宝宝全神贯注地看着他那双沾满胶水的小手,试着撕掉已经干掉的部分。我把整张餐桌都用塑料膜包了起来,而他也能帮我用透明胶把袋子固定住。

"妈妈真棒。还要做球球。"

他一边清理着手上的胶水,一边盯着他的半成品。我非常喜欢和他一起做手工。他好像从来都不会累一样。我们有时也会停下来休息一下,但是每当我一不留神,他就会重新开始了。

再过几个星期他就要去上幼儿园了,我也觉得他已经做好准备了。今年冬天,在那些下雨下个不停的下午,只要我能够从工作中抽出身来,我就会和宝宝一起探索DIY的世界。在两岁多的年纪要学会用剪刀和画笔并不容易,但是我们家的宝宝还真算是有天分。我是在那天他在做拓印画的时候发现的。

当你看到我们拿着画纸和蜡笔在家里跑来跑去的时候,你的眼里是带有怀疑的。我觉得为了让我们不出意外,你甚至会买个保险箱来把我们关在里面。我太了解你了,我知道每当孩子靠近装饰柜的时候你都在想些什么。蜡笔算是可以接受的,如果能把笔尖削圆点那会更安全些,而且当然也只能在厨房的餐桌上使用,绝对不能画在厅里的家具上。水彩笔里含有很多的化学物质,在懂事之前是绝对不能用的。水粉画的话在夏天是个不错的选择,天冷的时候就不行了——孩子天冷的时候最好不要玩水。油画就不用想了，在你眼中对于宝宝来说油画颜料不比香烟和酒精的伤害小。这样数下来，蜡笔还算是最佳的选择了。

当我还在怀孕挺着大肚子的时候，我们去了一场圣诞节派对。派对上有一个专门给孩子们准备的角落。我很好奇地试了试他们设置的一些小活动，最让我印象深刻的就是拓印了。他们在那放了一些很矮的小桌子，桌子上放着各种各样带凹凸纹理的画板——有条状的、星星状的、花状的……所有的孩子们，包括那些最小的宝宝，都在用一张纸盖着纹理，然后用蜡烛涂画着。神奇的是各种颜色会在画面上呈现出底部的图案，出来的效果非常漂亮，让宝宝们十分着迷。

我当时还在想什么时候我才能和自己的小宝宝做同样的游戏。而现在我们已经拿着创作原料在家里到处寻找创作的灵感了。

你盯着我们看，像看着一场噩梦一样。你能从我们兴奋的眼神里看出这意味着新时代的来临——你的任何坚持都阻拦不了我们了。

"爸爸，看这多漂亮！"宝宝一边在浴室里的瓷砖上拓印着，一边对你喊道。

"亲爱的，真聪明！哎，小心别画出纸外面了。"

那是我们的第一次，我们都明白了这是不可阻止的，而我们互相之间也在很短时间之内就达成了默契。

晚上你回家的时候，经常会看到我们坐在厨房餐桌上。有时候只有我们在看书或者是画画，有的时候我们会是很多人在一起。妈妈们都喜欢抱团组队——把每个人自己家里都弄乱了还不如大家都去一个人的家里。而且我也很喜欢邀请她们带着宝宝一起过来。

今天晚上你回家的时候，宝宝跑过去迎接你。他一只手很干净，另外一只手却是黏糊糊的。"爸爸，爸爸！快看我们今天做了猛猛。"

你往后退了一步躲开了，你的一只手还拿着公文包呢。"太棒了。等我把东西都放好，然后就来陪你玩。"

"亲爱的，晚上好啊。别担心，晚饭都已经做好了。"

你观察了一下周围，在寻找食物的影踪。"好啊，我从今天早上开始就饿了。"

"先等我们把剪贴手工做完。"

"当然了。"

我的直觉告诉我，你这句话里隐藏着些许的愤怒。

"爸爸，看我们都剪了什么。猛猛。"

"我觉得弄得差不多了。你们太棒了。我们现在可以把东西收拾一下。"

"亲爱的，还差象牙没弄好呢……我们在剪猛犸象。"

"啊，真有用。我们之前没它都是怎么活过来的？"

"好看，猛猛好看！朋友！要把它放到水房！"

"千万不要,还全是黏黏的。"

"放心亲爱的。我们还要先等它干掉,然后还要上色呢。"

"我觉得这样就很好看了。这样更有特色,这个灰色看起来很不错。如果是我就不会涂上颜色。"

"看,爸爸。"孩子给你展示了给我们带来了灵感的那本书。

"注意点,你手上还脏呢。来,把书给我。"

"好!"

孩子给你看了我们试着在做的史前场景。我转了四家商店才找到了那么大一个气球。做出来的效果还是很不错的,做出来的猛犸象大得孩子都可以直接骑上去了——如果它不是纸糊的话。还好我们家的餐桌还算是挺大的。

"难道纸做的猛犸象不会灭绝吗?"

"别担心。你去那等着,十五分钟我们就能搞好了。"

我们把最后一只象牙做好了。"我们今天真是棒!"

我们已经连续两个小时围着这个庞然大物在忙活了,我脑子里全是它。我们的小冠军看起来对我们的杰作非常满意。他用手扶着猛犸象的背,让他的"皮毛"更加顺贴。

"我们现在把它放出去晾干。"

你呼了一口气,说道:"亲爱的,放心吧,我路过的时候会小心的,不会把它弄脏。我们先把宝宝的手洗干净再说吧,这样他不会弄得到处都是,你也可以好好抱抱他,我知道你都等不及了。"

"小冠军,来爸爸这儿,骑到爸爸脖子上来。"你们在一旁玩闹着,我则顺手把餐桌收拾干净了。只用了十分钟,我就把厨房打扫得一干二净。

我把餐桌布置好了,然后从烤炉里端出了咸蛋糕、烤饼还有之前放在里面保温的蔬菜。我已经知道我和宝宝玩耍总是会忘记时间,所以为了避免惹怒回到家饥肠辘辘的你,我现在都是提早就把食物准备好了,这是和你待在一起最重要的规矩之一。

"准备好啦!"

"来了!"你们已经饿得口水都要流出来了。

就在我们享用着晚餐的时候,孩子宣布到:"明天猛猛也要和我们一起吃!"

♂ 他的视角

我和你在如何和宝宝玩耍风格上的区别从一开始就很明显了。

你总是说我和宝宝一起玩的时候很"粗鲁",的确,我其实也想对他温柔一点,但总是忍不住去逗弄他。现在我们经常在一起做"体操"——我会把他的小腿举来举去,会像翅膀一样挥舞他的手臂。有时他会因为我用力太大而叫出来,为这些快速的运动而感到惊讶。这对于他来说肯定是一种非比寻常的体验吧——他之前习惯的都是轻柔的按摩与爱抚。然而惊讶之余,他并没有什么不开心,反而他貌似对这种截然不同的新体验非常喜欢。

他在和我玩的时候经常会兴奋地叫喊,而你在旁边看着却一脸的不满意。

我们两个人之间和宝宝玩耍风格的区别,在那天我和他玩举高高的时候体现得最为明显。他那时大概有七、八个月左右吧,而我很喜欢以不同的方式和他做各种"体育活动"。我最喜欢的一种玩法就是我躺在地上,然后他像爬大山一样攀爬我的身体。我非常喜欢这种玩法,首先是因为这样我自己不用费多大力气,我只要自己躺在那,然后他自己就可以在我身上尽情地撒欢了。我们在玩耍的时候总是充满了欢笑。当然,有时他也会跌跌碰碰,譬如从我腿上一头栽到我的肚皮上,又或者是一不小心从我的肚皮上滑落到地毯上。

你有时会在经过的时候不满地瞪我一眼,批评我:"就不能别那么激烈吗?注意点安全。"不过你说完后就会自己走开。

但是当我第一次和他玩举高高,把他当作小飞机飞来飞去的时候,你光速般地跑过来抓住了我的手,震惊地斥责道:"你疯了吗?"

"怎么了?"在我问话的同时,宝宝开始哭了起来。

"你看看!你都把他吓哭了。你觉得他这么小能承受得了那么刺激危险的游戏吗?"你一只手用力地推我,另一只手轻柔地爱抚着宝宝。

"我不觉得有啥问题啊。"我反驳道。

"问题在于这种游戏还不适合和那么小的宝宝玩呢。会把他吓着的,再说也很危险。"

当我看到你气得满脸通红又无比认真的样子时,我明白到了妈妈和爸爸间的真正不同,在于对宝宝的看法不一样。宝宝在你的肚子里待了整整九个月,是你身体里生出来的骨肉。你对他的那种照顾和担心是我远远比不上的。

当他哭的时候,我总是会先让他在那哭一小会。我总是想,他过一会自己应该就会停下来。你却总会以光速在千分之一秒之间就赶到宝宝身边。因此当你们两人玩耍的时候，总会更倾向于爱抚和拥抱——总而言之，你们的游戏都更倾向于紧密而轻柔的身体接触。我是对此不感兴趣的。我们会玩譬如扔球捡球，又或者是举高高这样的游戏。

我之后把这件事情讲给了我的朋友们听，通过他们的反馈我发现了这样一个事实，只有爸爸们才能把孩子抛到半空中然后接住，妈妈们是绝对不会这样做的，因为她们根本做不出来。

在随后的日子里，我们还是这样继续着。我会把他放到自行车的婴儿坐上，带着他去欣赏城市的每个角落。当我们下坡的时候，我喜欢听到他因为速度感的刺激而喊叫与欢笑。我觉得他很喜欢清风拂过皮肤的感觉，虽然每次我们要骑车出门的时候，你都会把他包裹得里三层外三层。外面刮风的时候，你甚至会给他带上头套。我简直觉得车上坐着的不是我的孩子，而是一个侏儒大盗。

我要坦白和你说，那些你们在家里一起坐在桌子旁玩的智力游戏对我来说挺无聊的。也许是我不懂得如何以那种方法逗他开心吧。我擅长的是带着他到处转，让他坐在自行车上看看新事物，又或者是陪他去公园，然后把秋千荡到最高（就这种情况你也说过我好几次，让我适可而止）。

说实话，我还真没有什么小时候和父母玩耍的记忆。我依稀记得他们会把我放到地上又或者是自己的房间里，让我自己爬来爬去。终日陪伴着我的只有我自己，还有我的玩具们了。我自己从来都没有对做游戏特别地感兴趣过。小时候我的课外活动一般就是阅读，然后等我稍微长大一点的时候，我就开始对音乐产生了浓厚的兴趣。

我喜欢出门活动——或者是去探险，或者只是散步，又或者是骑骑自行车。或许我的性格更像是一个冒险家吧。因此在我有空的时候最喜欢和儿子一起做的事，就是骑车载着他去兜风了。另一方面，你很懂得以各种各样的方式来逗乐宝宝——剪纸、上色、砌模型……任何一种方式都能让你和宝宝忙得不亦乐乎。其实我也能做同样的事情，但是我并不想为了做而去做，因为这样一来我会觉得是在浪费时间，我自己也会觉得很无聊。幸好我们夫妻两人能够男女搭配，各自展示自己的特长。

♀♂ 挑战

玩耍是孩子成长历程里最为美妙的一个词了。因为玩耍对于学龄前的宝宝来说基本就是他们生活的一切了。玩耍的同时也能帮助孩子在两个重要的方面健康成长的，在三周岁前，这些行为主要都是自发性的。

在头几个月里，孩子只会用自己的身体来进行娱乐。但是随着生长发育，他们的身体机动能力和协调能力会不断提高，他们将学会拿、抓、扔、压、放、移动等各种动作，并将其转换为一种刺激的娱乐方式。

通常在两周岁之前，孩子会通过玩耍来探索世界，并不断挑战自己的身体，看看自己在与外部环境接触的过程中，能够掌握和控制的边界在哪里。

在一周岁之前，孩子的注意力会持续集中在身边的各种声音和颜色上。他们会用自己的小手去抓取周围的物品并扔得远远的，然后又在地上爬着或者滚着去把它捡回来。

大家最常见的玩具一般是挂在摇篮或婴儿床边的形形色色的挂件，又或者是软绵绵又富有弹性的各种动物玩偶。镜子其实也是一种常被忽视的玩具，孩子通过镜子看到自己的镜像，慢慢地对因果关系有了初步的认知，另外这项活动对孩子的手眼协调能力也大有益处。玩具对于孩子们的重要性是显而易见的，但是这不代表它们能够取代父母的地位。父母们不仅应该经常陪伴孩子玩耍，而且更要通过玩耍促进和孩子间的交流沟通。

当孩子满一周岁开始学会走路后，他们触摸物件、移动以及携带自己喜爱玩具的欲望会越来越强。过不了多久，他们就能学会到处跳跃、奔跑和攀爬。他们这时会对类似手推车和婴儿椅，这些需要推拉的物件特别感兴趣。当他们难得平静下来的时候，精力主要会集中在需要动脑的娱乐项目上，比如说像砌积木这种教会孩子"上""下""前""后"等初步空间概念的游戏。他们也很喜欢玩可以让他们任意揉搓的橡皮泥，这项活动可以很好地激发他们的创造能力。

在过了两岁之后，孩子就会进入模仿父母的阶段了。男孩子们会开始喜欢模仿开车以及修车，发明出各种迷你小工具，而女孩子们则会更喜欢照顾她们的洋娃娃，以及玩过家家的游戏。

只有在三周岁以后，孩子才会逐渐地意识到社交以及和别人一起玩耍的重要性，也会在此中慢慢学会一些人际交往的基础规则。

爸爸妈妈们应该鼓励孩子参与各种的活动，玩耍和娱乐是孩子生命最初几年里的主要活动，需要孩子积极地投入和参与。父母们应该让孩子们感觉到玩耍不只是一种义务，而更多的是一种乐趣。

在出生三个月之后，孩子与身边环境互动的能力就会不断地提高。他们会对每一件拿到手里的东西都充满兴趣，会像一个小小科学家一样不知疲倦地探索着。细心观察孩子的行为，就能明白他们的大脑是如何运作的。让·皮亚杰是近代最著名的发展心理学家之一，他提出的许多重要理论都是通过对自己三个孩子的观察而得来的。

孩子们能独自一人自娱自乐上很长一段时间，他们会尝试着了解各种事物的规律以及一致性。

父母们应该给予孩子适当的刺激，但是一定要注意安全。应该把家里面的环境改造得更为安全和更适合宝宝自由探索。

和父母间的互动是孩子们最先体验到的社交游戏之一。躲猫猫（大人用手遮自己的脸把自己藏起来）只是众多有成人参与的游戏中的一种。

当宝宝学会爬和走之后，他与周围事物和人的互动能力会不断地增强，随之增强的是他玩耍的能力以及意愿。学会自娱自乐是非常重要的。如果宝宝一直需要别人来娱乐他，那么说明他在自己寻找娱乐方式上碰到了困难，同时对这种挫败感的容忍度也比较的低。

从另外一方面来讲，他也需要在玩耍的时候有别人的陪同。因为玩耍对于这个阶段的孩子来说其实是一种工具，能帮助他们学会物理规律、事物价值、行为准则等一系列重要的事情，而在这一过程中大人的引导则是非常重要的。

当孩子过了六周岁以后,意大利的父母们貌似就不再愿意和孩子们一起玩耍了。他们平均每天只会花十五分钟和孩子玩耍,而且这些时间大都集中在星期天。在星期天的这两个小时里,玩耍的质量也并不是很高。2012年的一项研究,通过采访500名平均年龄为39岁的父母,发现他们和孩子共度时光的方式更多的是帮助他们做作业、陪伴孩子去做体育运动、一起去超市以及一起在沙发上看电视。

母亲们通常会更喜欢有肢体亲密接触的活动。特别是在孩子周岁前,她们喜欢抱、亲、搂孩子,也喜欢给孩子进行按摩或者举着孩子唱歌跳舞。她们会通过声音以及眼神的刺激让宝宝做出反应或是重复自己说过的字句。总之她们更倾向于能让孩子在放松的同时习得成长技能的活动。

爸爸们通常会和孩子们进行一些更为"剧烈"的活动。他们一般会喜欢和孩子们玩球类。妈妈们喜欢把孩子抱在怀里,而爸爸们则喜欢孩子们骑在自己的肩膀上,或者用自行车载着他们在城市的大街小巷里到处探索。母亲们更喜欢室内活动,而父亲们则偏好于室外活动。

孩子的性别也会对玩耍的方式有所影响。虽然妈妈们的偏好不会有很大的改变,特别是在孩子满三周岁之前，但是爸爸们则更善于（或者是他们自己认为更善于）和儿子玩耍。当妈妈和女儿玩耍的时候，爸爸们常常会觉得自己被排除在母女二人的娱乐之外。

爸爸们常常会感到这种"性别歧视"，他们在和儿子一起玩的时候总是心里有谱，但和女儿一起的时候就会不知所措。在他们眼中，女性（女孩）的世界里除了怎么扎辫子，就是手提包了。但是女儿们一般更能激发起父亲温柔甜蜜的一面（无可否认这是女儿们为爸爸们带来的一种馈赠，通常男人们总是会有意无意地忽视自己温柔的一面），然而爸爸们最终总能学会如何去适应，找到能让自己女儿开心的方法。

推荐影片

奶爸别动队

导演：史蒂夫·卡尔

喜剧片，美国，2003，93分钟

这部喜剧讲述了两个堪称奇葩的爸爸在失业后重新创业的冒险。两个主角赋闲在家照料自己儿子的时候，突然萌发了一个念头——既然他们可以把自己的孩子照顾得那么好，那么再添几个孩子也无所谓吧！

于是两个主角开办了一家由全职奶爸经营的托儿所，但是到了这个时候他们才发现照顾好孩子需要的比他们想象的要多得多。主角两人都不是育儿专家，也不擅长让孩子们遵守规矩。各种各样的困难和挑战让他们都要抓狂了。

游戏就像是大人和孩子针锋相对的战场。游戏规矩就是这个战场的边界。究竟谁能获得这场战斗的最终胜利呢？

思考点

- 想象一下，你们的伴侣要去应聘这家托儿所的职位，向雇主描述一下他/她的优势，然后和伴侣互换角色。最后分享一下另一半对你们的描述有何想法。
- 互相描述一下你们各自和孩子玩耍时感到最开心的时刻。为什么你们会觉得如此的开心？你们当时在做什么游戏？你们开始玩游戏的时候心情是怎样的？
- 回忆一下你们自己小时候和父母一起玩耍的某个片段，和你们的伴侣分享一下这段回忆。
- 参考片中的主角，回忆并描述一下某次你们和孩子玩耍的时候，开心的游戏变成难以控制的困境的经验。
- 当在和非常年幼的宝宝玩耍的时候，有什么需要特别注意的事项？

♀ 女人的大脑里发生了什么

女性们在产假期间有无数的方法来安排她们的空闲时间。孩子在这段时间醒着的时间会越来越多，他们会在醒的时候不断地去探索身边的世界。

当妈妈们回到工作岗位后，她们就需要重新安排生活节奏了。很多父母在一天劳累的工作之后会觉得回到家再没有精力和孩子们玩耍了。妈妈们一般会更懂得牺牲——即使在体力上她们已经筋疲力尽或者注意力被其他事情占据了，但她们还是会抽出身来和宝宝们做游戏。

在这种情况下，找到大人和小孩都喜欢的游戏就非常重要了。有时候和孩子一起晾衣服、叠毛巾、做饭（做好所有的防护措施）等家务活动都能够成为有趣的游戏。

虽然和孩子一起做家务可以变得非常有趣，但是抽出时间来和孩子做传统意义上的游戏还是不可替代的。要记住和宝宝一起玩耍绝对不是在浪费大人的时间——共同培养孩子对某项兴趣爱好的热情无论对于家长还是孩子来说都是非常有益的一件事。

科技的爆炸性发展逐渐占据了大人和小孩越来越多的空闲时间。越来越多赋闲在家的妈妈在照顾孩子的时候，会不断地沉浸在网络世界里来和外部世界保持联系。类似一些社交网络能让妈妈们感到没那么的孤单，但是同时也会消耗掉她们大量的精力，影响到她们建立深层次关系的能力。社交网络确实为母亲们带来了更多的社会参与感，而且这种益处是有目共睹的，但是我们仍然不能忽视沉迷其中对母亲自己和孩子所带来的不良影响。

孩子需要一个能和自己同步并随时准备花时间陪伴自己的母亲，一起开展各种活动是建立母子关系的最佳途径。一起为爸爸准备一份惊喜的礼物，又或者是通过各种感官去发现身边的世界，妈妈和宝宝两人能够探索尝试的活动实在是太多太多了。

对于有些女性来说，放下手中的工作而去地毯上或桌子上和孩子玩耍是一件很有挑战性的事情。在往后的生活里，妈妈们会不断地面对这种需要做出选择的时刻。

♂ 男人的大脑里发生了什么

通常人们说良好的父子关系是建立在责任、陪伴与参与这三点上的。

责任指的是男人们通过获取各种资源来保证孩子的生存和成长，也指父亲积极参与照顾孩子（譬如陪孩子去做体检或看病、给孩子换尿布、给孩子换衣服、哄孩子睡觉）。

如果说责任一直以来（特别是在最近的几十年里）都是男人们会自觉去承担的，那么陪伴和参与则是只在最近的几代人里才体现出来的。以前的父亲们很少会去参与孩子的玩耍及游戏，他们更多的是在日间忙于工作，到了晚上就直接在沙发上或者房间里休息去了。

在1968年之前，父亲们在家里待得最多的地方就是沙发了，并且通常他们会把自己藏在报纸后面，又或者直接去自己的房间里休息，用一扇门把自己的私人空间和其他的家庭成员间隔开来。

到了吃饭时间，他们总是会坐到主人座上，这个座位象征着男主人在家庭里的地位和权力。

他们在家庭里起到的作用除了提供经济来源外，就是让大家遵守规矩了。他们不应该参与到孩子们的玩耍中去，因为还有更重要的任务需要完成。

时至今日，父亲和孩子的关系变得更为亲密和直接了。他们能在父亲角色的另外两个维度——陪伴和参与上，起到更大的作用。这对于构建良好父子关系是非常有益的。

陪伴意味着父亲能够在孩子的身边，而且这种陪伴不一定指要和孩子一起做些什么或者为孩子做些什么，而是指单纯的一起度过美好的时光。一起游戏玩耍是陪伴最好的表现方式，这是由玩耍自身自由自在的特性所决定的。这是一种一起度过和体验的时光，不带有任何特定的目的性。

但是培养这种陪伴的习惯对于父亲们来说却不是件简单的事情。男人们总是希望要忙着做些什么东西。如果他们空闲的时候不是在做些什么实实在在的事情，他们总会觉得这是在浪费时间。而孩子的到来正改变了他们的这一点。孩子可以教会男人一个新的概念——高质量的时光不一定是要忙于行动的，而是在于构建美好的人际关系上。而女人们对这个观念早已明白透彻。这种观念上不对称的情况是由几个世纪以来的"男性主导文化"遗留下来的——男人们更多的是单一地扮演着"主外"（职业和工作上）的角色。

孩子的到来对男人带来的这种转变让他们的存在感不只在于行动上，而且还在于开拓加深关系和感情的空间。这对于现今社会上的男性们来说是一个无与伦比的好机会，能让他们学会享受以前未曾注意到的美好事物。

参与是第三个重要的维度,游戏和玩耍为父亲参与到孩子的生活中提供了良好的契机,特别是在孩子刚出生后的一段时间里。一个最好的例子就是,爸爸下班回到家后躺在地毯上,把自己的身体作为大山来让孩子攀爬和征服,让自己成为孩子最喜欢的玩具。

一般来说,一个积极参与和乐于陪伴的父亲能成为孩子在探索世界过程中最好的向导。在这个世界上的每一种文化里,通常都是由父亲来引导孩子探险和发现外部世界的。只有他们才会把孩子高高抛起然后再接住(没有妈妈会在孩子一岁前能做出这种事情的,她们会害怕伤到孩子)。当爸爸们用自行车载着孩子遇到下坡的时候,他们总会松开刹车,让孩子感受速度的刺激以及风吹到脸上的感觉。通常也只有父亲们会鼓励孩子去进行探险,去冒一些承受范围以内的风险,这也能让孩子逐渐学会独立和自主。

母亲们总是想要保护孩子,而父亲们总是希望给孩子一双翅膀,让他们去翱翔。而一起玩耍是唯一可以构建父子之间真切深厚感情的方式。有时当爸爸们把孩子看得太松的时候,妈妈们会对孩子可能面对的危险感到担心并对伴侣生气。"别让他跑太快了!""别让他搞得满身大汗!""别让他摔着了!"——这些妈妈们的话爸爸们早已习惯,也已经学会左耳进右耳出了。因为对于他们来说，一起玩耍有时候就意味着打破妈妈定下的规矩。

近几年，克劳斯·格罗斯曼和他的同事们通过研究发现了一个重要的相关性——如果父亲在孩子成长期间的参与度更高、更倾向于理解和自由表达、更能给宝宝安全感和共情心，那么孩子长大后在爱情关系上会显示出更多的安全感，从而能与伴侣拥有更为健康的二人关系。

在通过对亲子关系特征长期的观察后，格罗斯曼发现和爸爸一起玩耍能让孩子获得安全感，也能让他们在成长过程中面对挑战的时候更有自信。

总之，当你们和孩子在地毯上做游戏、一起在草坪上踢球又或者是一起砌积木的时候，你们不止是在和孩子玩耍，你们更是在赠予他们一个更加美好的未来。

♀ 妈妈给爸爸的建议

- 请你们不要被弄得脏脏的宝宝吓到，我们会把他弄干净的。如果你深陷他的乱摊子，别担心，我们会像仙女一样一下子就把我们的艺术家宝宝和他的创作工具收拾得干干净净、整整齐齐。
- 你们说服我们了——宝宝膝盖上的伤疤是他勇敢探索新世界的最好佐证，我们应该为之骄傲自豪。但是请你们不要太过分了，当你们骑自行车载着他全速飙车的时候，记得要把他的小头盔戴好了，还有，别忘了把他的围巾也系好，别让他着凉了。
- 记住当你们躺在沙发上呼呼大睡，孩子在你们的肚皮上砌积木的时候，并不能算是陪孩子玩。还有，老是玩同样的游戏真的没什么意思。
- 别忘了孩子给你们准备的爱的礼物。我们承认他们的作品确实是挺占空间的，我们家也放不下所有的东西，但你们在扔掉的时候请不要让孩子看见了。
- 没什么能比你和他玩耍的时候，自己也像孩子一样更美的画面了。当你们重新找回心中的那个男孩的时候，别忘了像男人一样照顾好孩子的安全。

♂ 爸爸给妈妈的建议

- 我们很喜欢足球,所以如果身边有什么球状的东西我们都会拿来踢个不停。有时候踢得兴起甚至会像疯子一样,像你们说的:"太过分了。"但是这不代表你们可以给我们的男娃买洋娃娃玩。
- 到了一岁的时候,孩子完全可以安全地坐在自行车的婴儿座椅上了——没必要我们每次出门前都先查好附近的消防队和急诊室在哪。
- 孩子的鞋子我给他穿好了,棉袄也裹好了,围巾帽子手套一件也没落下,求你放过我们,让我们出门吧!
- 荡秋千意味着我要不断地推他让他前后摇摆,让他感受到速度的刺激,你们也不用在旁边总是和我们唠叨:"荡慢点。"
- 如果我们出门去公园离开家十分钟了,我们或许压根还没到目的地呢。你这就打电话给我们"问出什么意外了没有?"是什么意思啊?

第八章

学会对任性说不

♂ 他的视角

"介个不要,介个要!""都四我的,我的!"我们的宝宝用唐老鸭般含糊不清的发音高喊着。

"介个不要"指的是他那件粉红色带拉链和帽子的小羽绒服。今天早上天冷,他是一定要穿的。而"介个要"指的是他那件上面印着维尼小熊的薄棉秋衣。

"都四我的,我的!"已经成了宝宝的口头禅。他或许是想以此来标记他的地盘吧。在他的地盘里他认为他想碰什么就能碰什么,想拿什么就拿什么,然后还要重重地把东西扔在地上。他现在正躺在地下耍赖,抗议着我们要给他穿那件羽绒服,手里还扯着秋衣喊道:"介个要,介个要!"

他现在才十八个月，我们如果要把他带到天寒地冻的外面，肯定是要给他裹得严严实实的。那件秋衣最多够我们在傍晚的时候带他在海边散步的时候用。

所以在我看来没什么好商量的，他的这种抵抗丝毫没有意义，我们是不会顺从他的。再说我现在已经要迟到了，根本没有时间去和他讨论为什么要穿羽绒服而不能穿印着维尼小熊的秋衣。

而你却牵起他的手，让他继续闹着。他在圣诞树下一直耍着赖。你给我做了个眼神，意思是说他一会就不闹了。你们两个人在厅里的地上弄来弄去，在我看来简直是就像是两只母鸡在叽叽喳喳。

让他别闹了，我们还要出门去外公外婆家呢。

我的脑子里在单曲循环着一首歌，我紧张的时候就会这个样子。这几个星期以来每天早上我都会用自创的一首歌来唤醒宝宝。"早上好，早上好，该起床咯。狡猾狡猾的小宝宝现在该换尿裤咯。"唱完歌把他弄起来后，我就要把他带到浴室里给他洗澡了。而你在这时候会把奶瓶加热。全家人都在为了准时出门而忙碌着。这也是为了回到我们正常的生活轨道，不让孩子继续牵着鼻子走。

我觉得他的任性耍赖反而加强了他对维尼小熊的感情——也许小熊和母鸡能有共同语言吧。

此时我开始有点不耐烦了，但还是压低音量和你说:"外边整整零下十五度。他要是得了肺炎咋办。快他妈给他穿上羽绒服吧,我们还要出门呢。"

我还是忍不住说了脏话。我知道我真的不该说出口的。我也知道你每次见到我因为孩子的事而发脾气都会感到慌张,而宝宝也会继续把情况变得更糟,所以在接下来的十分钟里,以下的事情发生了:

1. 你拿着羽绒服追着宝宝,不断给他说:"宝贝来这儿,我有个惊喜要给你噢。"
2. 他对秋衣的痴迷越来越深,把衣服用力保护在自己怀里,就像在宣示着要把衣服从他手里夺走的唯一方法就是先把他放倒。
3. 我怒火中烧,我已经不知道我是在生谁的气了。可能我是在生维尼小熊的气,如果没人发明了这只臭熊,我们现在也不会出演这么一幕,宝宝肯定会乖乖地穿上他该穿的,然后我们能顺利的出门。

我还是对宝宝有点生气的,虽然他都快两岁了,他还是不明白外面天气那么冷,他怎么能穿那么少就出门。为啥这么简单的道理他都不懂,而要我们当爸妈的那么辛苦去教会他呢?而且我一会儿还要冒着天寒地冻去上班呢,我已经快要迟到了。

说实话我是真的对你也很生气。亲爱的,每次宝宝耍性子的时候,你都不能强硬一点吗?你得让他明白什么能做什么不能做。为了说服他或者让他分心,你总是和他解释,给他讲故事,甚至有时候还要给他表演节目。

我们很早之前已经聊过这个话题了,之前有几次我大声斥责他的时候你就介入过了。他的任性在我的大声斥责下变成了号啕大哭。就像你说的,我的斥责把他吓到了。

"你这样没用的,"你强势地说道。我也明白了。我意识到了自己是在效仿我的父亲。我小的时候只要是把他弄不耐烦了,他都会这样训斥我。他会把音量提高大声地说我,我则会害怕得整个人都僵住。只是每次他骂完之后就会消失掉,只有在下次骂我的时候才会重新出现。

然而我还是走上了父亲的老路。

"不能这样。"你说道。"你可以提高音量说话,但是你不能用恐吓的方式让他听话。你应该用别的办法。我不喜欢你吓唬他。"

但是如果你那么有办法,为什么还要给他跳舞唱歌来说服他呢?因为你给他解释来解释去,他还是会因为能牵着我们的鼻子走而感到得意的。

突然之间我有了一个好笑的想法,而且这个想法会在接下来的五分钟,甚至是接下来的六个月里,改变事态的发展走向。因为我看到了这个还没有盆栽高的小家伙把我们两个大人耍得转来转去，这喜剧般的一幕让我忍不住要笑起来。我的愤怒顿时烟消云散，而我也明白了如果我真的要做出什么改变的话，那我首先要改变的就是自己的做法。

于是我进入了角色，而不是站在一边冷眼旁观。我停止了大声地咆哮，我从未感到过如此平静。

我和你说道："让我来吧。"我蹲下身来，盯着孩子的双眼，用温柔而又坚定的声音念起了古老的顺口溜：

"今天不能穿秋衣，

现在穿上羽绒衣，

谁要不听爸爸话，

任性宝宝有麻烦。"

可能是因为我沉着的声音，可能是因为我坚定的眼神，奇迹发生了。宝宝乖乖地把秋衣递给了我（对的，递到了我手里），然后展开了双手，做好了穿羽绒服的准备。然后他把手给了我，让我牵着他的手一起出了门，上了车。

他笑着和我说："爸爸，好冷！"

"我觉得我找到了对付任性的好方法了。"我向你宣告着胜利。

"好吧，那从今天开始那都是你的任务咯。"

♀ 她的视角

从今天开始孩子只要任性，你都要解决噢！我和你说，我还真是这样想的。我见证了一个罕见的场景，之前我从来没见过有人能做到这样。我看着你的双眼，能感到你的喜悦——你就像哥伦布发现了新大陆一样。犹如得到了神的指引，我简直可以看到射在你头上的那束光。你的成就也意味着从今天起你懂得如何面对宝宝的任性了。

我和他一起的时间比你要多得多。我一般早上会去上班，然后下午就去外公外婆家把他接回来。我们每天都要在一起待很长时间。我们找到了很多能让我们共度欢乐时光的方法。现在他已经能干很多事了，他的智商也在不断发展，每天都在进步。现在他已经懂得理解了。可惜的是他的聪明有时候会用在他的野心上——他想成为拥有最高权力的一家之王。他坚信自己是无所不能的，觉得自己就是这个宇宙的主宰——他容不得一点的限制。正因如此，我真的很需要你，需要你的这个新技能。我也想拥有你的这种超能力，好让我也不再被他牵着鼻子走。

下面是我最想学会解决的十种情况，这会让我的日子好过些（排序不分先后）：

1. 当朋友来家里看我的时候，他总是来要我陪他一起玩。我都好几个小时没有和一个3岁以上的人说话交流过了，更不用说我们之前已经做了一个又一个游戏了。但是当我提议让他自己先去玩的时候，他就闹脾气了。

2. 他总是想要拿我的手机玩，好像别的东西根本就不能再提起他的兴趣了。有一次我们在邮局排队的时候为了让他静下来，我把手机给了他。我也确实让他在手机上看了一集《小熊维尼》。他拿着手机看动画片的时候既不哭也不闹，可以让我安心地办完事情。现在他是完全离不开手机了，如果我不给他玩手机，他就又会闹，弄得我非常心烦。

3. 每次开车载他，即使我已经快要迟到了，他还总是喊道："不要安全带。"他就是不明白我们已经没时间了。

4. 当我去超市买完一袋又一袋东西的时候，他又会抗议道："不要婴儿车。"这时都已经中午了，我也要饿趴下了。就算我从了他，他也会告诉我他要自己走，不要我牵着。

5. 每次要喝汤的时候他都会拒绝。无论我用了多少种菜谱，尝试各种的颜色和味道，他都会把盘子拨到一边"不要介个！"他总是像暴君一样下达他的命令。我跟他说这很好吃的，让他尝一尝，而他却总是会闹脾气。

6. 我知道他可能会喜欢某几件特定的衣服，但是我绝不能允许他在大冬天穿短袖。每次给他穿多一些，他总是会像吃了火药一样愤怒，使劲地要把衣服脱下来。他难道不觉得冷吗？我试过给他解释，但是他好像还是不能明白。

7. "我的！"——他对这个命令情有独钟。他的占有欲经常会十分的强烈，支配着他的每个行为。我觉得等他再长大一点，我一定要给他报一个橄榄球培训班。他在抢完东西撒腿就跑这件事上实在太厉害了，慷慨大方好像并不是他的天性。

8. 在超市排队的时候，万恶的资本家总是把最诱惑的糖果放在孩子的高度。只要我不给他买，他就会一屁股坐在地上大喊大叫，直到我改变主意为止。天啊，我从路人的眼光里就能看出他们在猜我还能坚持多久。

9. 有时候他会毫无缘由地开始哭闹。我试着去安抚他，但自然是无功而返。最后我也只能自己安慰自己说我已经尽力了，就让他哭吧。

10. 最最让我气愤的还是他有时会对我进行挑衅。他会看着我的眼睛，在我的面前做他自己明知不该做的事情。他完全可以给自己配上字幕："我知道你不想我这么做，但是我却偏要这么做，我就是敢反抗你。你又能怎么样？切！"

亲爱的，我需要你的帮助。我也想有一天灵光闪现，然后得到你的能力啊。

♀♂ 挑战

孩子的健康成长是建立在两个条件上的。第一点：对孩子永远无条件的爱，认识到孩子身上的优势，也看到孩子的边界，看到天分，同时也看到弱点。第二点：培养孩子承受挫折的能力，让孩子明白我们每个人都不是万能的，世界不是围绕着我们运转的，生活也不总是一帆风顺的。在实际生活中，需要给他们定下一定的规矩，让他们形成健康的价值观，明白到要考虑和尊重他人的需求，而不能以自我为中心。

无规矩不成方圆——在孩子的成长期间，父母很大一部分责任都是关于"规矩"这两个字的。规矩代表了教育的根基，也是孩子以后成功的基础，更是和谐家庭的保障。为了有效地传递正确的信号，家长们需要耐心地观察和敦促教诲。

对于孩子来说，长大意味着在刚开始他们还不具备独立自主和判断能力的情况下接受大人们的指导。当孩子逐渐能够在生活的某些方面自理的时候，他们可以向父母提出改变规矩以适应新情况的请求。但是这种对规矩的协商一般只会在童年晚期至前青春期时才会发生，而且前提是在之前的几年里，这些规矩已经被合理的设立并且能够被孩子所遵守。

遵守规矩对于孩子来说意味着放弃自己无所不能

的想法，同时相信我们会给予他/她足够的帮助与工具去探索这个世界，为其生活提供正确的指导以及安全的保障。接受并遵守我们制定的规矩对于孩子来说是一件非常困难的事情，因为这等于要他们放弃自己是世界中心的想法。他们会逐渐地明白这些规矩带来的不只是限制，更多的是机会。

在生活里要马上拥有所有想要的东西是不可能的。自由是一种馈赠，应该被列在家长们的整个教育计划里。就像自主一样，自由是一种需要不断地训练、尝试、观察以及支持的能力。规矩其实就像是自由探索未知领地的一种指引。只有通过长期的训练，学会熟练使用这种工具后，一个人才能找到正确的方向。规矩的作用正是让人们明白成长意味着在有限的选项中做出选择。限制并不是通向自由的障碍而是指南针，规矩的存在绝不是对个人自由的限制，而是对整个人类文明共存的保障。

如果夫妻两人在教育和帮助孩子学会遵守必要的规矩这件事上能够达到共识，那么在家里就基本上是不会产生大矛盾的。问题一旦出现，就都会朝着解决的方向去发展。但是如果两个人在这个根本问题上有分歧，那么很多的麻烦也会接踵而至。假如有一方比较的放任自如，而另一方却比较严格，那么夫妻双方在处理问题方式上的冲突无法给孩子一个统一的参考和反馈，孩子也会因此而感到困惑。最糟糕的场景就是夫妻双方都尝试运用自己的方式去教育孩子，但是最后双方却因为找不到共同点而吵了起来。唯一的解决方法就是父母私下通过讨论得出共识，然后在孩子面前的时候展示出相同的准则。

通常来说，孩子们需要感觉到这个世界是能够被预测的，在个语境里是指他们需要从爸爸和妈妈那里得到同样的行为反馈。如果父母之间在反馈上有明显的矛盾，那么孩子的成长历程很容易就会演变成父母间不断争吵和对抗的过程。在这种情况下最好的办法就是去请教相关的专家、治疗师或是心理教育学家。他们能够帮助父母建立教育的统一阵线，让教育和成长上的挑战转化为团队合作的机会。

建立这样一个统一阵线对孩子未来几年的成长也是非常有益的。如果现在父母会为餐桌规矩、超市里闹脾气或者是看电视的时间规定这些问题而争吵，那么以后他们将要面对学校的学习和同学的社交关系，以及其他许多更为困难和复杂的话题。

推荐影片

—

家长指导

导演：安迪·费克曼

喜剧片，美国，2013，105分钟

—

影片的主角们是三个活泼的孩子和他们所生长的大家庭。他们的父母非常注重规矩，并采用了健康主义和低犯错率的教育方式。偶然的机会让父母两人要离开孩子们一段时间，他们只好向孩子奇怪的祖父祖母求助。祖父母二人来到了外孙们的高科技豪宅里，并用了非常不一样的教育方法和他们相处。然而他们老派的育儿方式并不是很适用于外孙们，他们将面临严峻的考验。

影片以轻松幽默的方式表现了面对孩子任性时不同家长不同的处理方式。

思考点

- 你在自己与片中大人们的身上找到了哪些最大的共同点？
- 祖父母在和外孙们相处的期间，都犯了哪些错误？

> ● 父母在和儿女相处的时候，又犯了哪些错误？

♂ 男人的大脑里发生了什么

传统上一般都是由男人们来督促孩子遵守家里的规矩，他们的祖祖辈辈都是在家里说了算。"等你爸回家了，我们就给他讲讲你都干了什么好事，看他怎么收拾你。"——这句话相信大家小的时候听到过无数次吧。这句话对心灵上的影响很可能也一直延续到了现在。

如果男人们有威严的父亲来帮助他们去了解和遵守行为准则，那么他们也能在教育自己孩子这件事上更加得心应手。

但是如果当孩子面对过分严格要求的家长时，他们可能会想要逃离这种管教。如果童年的回忆里充满了暴力（体罚）或是严肃的氛围（严格的父亲从来不对孩子展现出温柔的一面），那么他们成为家长后很可能会变得更为软弱或容易屈服，以避免他们的后代也遭受他们自己遭受过的对待。

还记不记得我们还是孩子的时候总是会对自己说："等我自己当家长了，我绝不会对孩子做出这样的事情。"很多成年人会对自己童年遭受过的待遇耿耿于怀，从而在面对自己孩子时过分地退让。这种毫无限制地退让其实会让孩子产生困惑。这种退让其实是对我们内心童年时代的一种延时补偿。然而如果我们不能意识到这一点的话，有可能会培养出一位被娇惯坏的小皇帝。这些小皇帝会以自己为中心，因为他们从来没有收到过关于行为准则边界的负反馈，以下是一些例子：

- 在幼儿园的圣诞节晚会上，聚会厅里挤满了人，座位根本不够给所有人坐。于是妈妈抱起宝宝两个人坐在同一张椅子上，而爸爸则坐在旁边。但是孩子这时开始哭闹了，他想要自己一个人坐一张椅子。过了一会爸爸站了起来，把位子让给了孩子，然后自己则站到了大厅后面靠墙的地方。
- 在超市里，孩子说要这个要那个，刚开始爸爸允许孩子把想要的东西都放到购物车里，但过了一会就开始尝试阻止了："够了宝宝，我们已经买了很多你想要的东西了。"但是孩子不依不饶："我还要这个，还有那个。"

爸爸开始生气了，他和儿子吵了起来。这引来了周围人的注意。孩子还是继续喊道："我说了我要这个！"最后爸爸投降了，他小声地和儿子说："好了好了，我给你买就是了，你别再大喊大叫了，别人都在看呢。"

在以上的两个例子里,孩子们学会了通过任性的哭闹可以让大人们投降,从而达到自己的目的。其实后果远远不只如此,他们还会认为父母们是软弱的,就连身高不到一米的小孩子都能牵着他们的鼻子走。这种对父母的看法会在孩子的心理上留下深远的影响,他们会对弱者的信任产生裂痕,认为他们不能给予自己足够的安全感。

所以对于男人们来说,应该把自己的育儿方式更多地建立在威严上,树立起自己的两个特点(在遵守规矩上严格,而在照顾生活上温柔)。这两种特征如果能得到正确的搭配,能让孩子觉得自己可以从强大而值得信任的大人那里得到指导和支持。

有研究表明,父亲在孩子成长期间陪伴和监督的能力对孩子成长期间遇到的一些问题会有相关性。能在青春期之前教会他们行为准则的可靠、稳定的家长,则更能帮助孩子在青春期期间经历较少的行为问题。

这种正面影响对于孩子的发展来说其实是更为深远的,他们小时候受到的教育方式和遭遇会影响到他们长大后处理爱情和家庭问题的风格。就像我们在第七章里提到过的那样,根据格罗斯曼的研究,父子关系的亲疏将很大程度影响孩子在成人后如何处理自己的爱情关系。在童年时期以及青春期内和父亲母亲的关系将对他们如何选择与伴侣相处有着至关重要的影响。事实上,许多其他的研究证据都能证明这种关联关系的存在。

相反地,若孩子在成长期间缺乏一个稳定可靠并且在感情上足够亲近的父亲,他们长大后更有可能遇到感情上的问题,同时也会在面对风险时显示出更高的偏好。

♀ 女人的大脑里发生了什么

母亲对孩子任性的忍耐极点在什么地方?孩子的哭声信号会激发她们本能的反应,让她们的感官进入警戒的状态,而大脑则会驱使她们采取最简单直接的方法来平息这种信号,但是任性和普通的哭闹其实是两件很不一样的事情。

一个刚刚出生几个月的宝宝在哭的时候并不是在表达他的不满,而只是单纯地在表达一种需求。而这种表达的方式也会在与母亲的互动中逐渐定型下来。在这个阶段,宝宝的大脑只有一些很简单的功能,他们只能以非常有限的方式向外界传递"我很好"或者"我难受"等信息,所以无论是睡觉还是醒着,他们的眼泪都不必太让人担心。

而任性则有着更为复杂的心理运作机制,它是用来表达和达到目的的一种行为。任性是一种奇怪而又固执的欲望。任性说明了孩子已经有了欲求,有了追求和获取资源意愿的能力。这是一种十分粗暴、肤浅、来得快，又去得快的情绪。通常这些目的会在短时间内失去对孩子的吸引力。在孩子们身上最能体现这种人类行为的典型过程——他们会哭闹、大喊、愤怒，但一旦得到了想要的东西后，又会很快地将其抛弃。

对于妈妈们来说这是一个每天都要面对的挑战。在1~3岁期间，这是一种重要而又累人的互动。在这种斗争中的挫败会为母亲心理上带来很大的疲劳感。在这种情况下养育孩子会变得像一种无尽的折磨，到头来能做的只能是在煎熬中等待着下一个孩子的到来。

职场女性在和孩子的直接接触和互动时间上会相对较少，更多的是依赖他人对孩子的照料（幼儿园老师、祖父母、保姆），但这丝毫不意味着挑战难度的减少，相反的这可能意味着更为严峻的考验。

任性是孩子成长过程中再自然不过的现象了。孩子会逐渐地发现世界、认识世界，学会现实中的许多事物规律。这都让孩子们感觉到自己可以对外部世界施加影响。他们希望去对现实世界施以绝对的控制——"我想，所以我可以"。如果他们在做这些尝试的时候总是获得正面的反馈，那么他们就会形成一种妈妈会满足他们一切需求的反射。这可以给孩子带来安全感，让他们在情感上得到健康的发展，并且让他们继续勇敢地探索自己可以施加影响的边界。任性是对全能（孩子们觉得他们能够并有权利获得一切想要的东西的幻觉）欲望的一种表达。

教育孩子让他们明白自己的能力和权利的边界在哪，是每一个优秀父母都应该做到的。特别是母亲们，她们需要学会接受孩子们的哭闹，学会让他们体验挫败感。孩子在两岁的时候还不能算是一个有完全自主能力的自由人，因为他们还远远不能达到自给自足的状态。他们需要大人们不断地提供探索中的指引、为他们设下边界，以免他们进入危险的领域。

该吃什么，该穿什么，什么时候该睡觉——这些大人们做出的决定经常是和孩子自身的意志相冲突的。这时选择的权力仍然在大人的手里，他们应该决定什么对孩子是有利的。给予孩子和他们能力不相符的自由是一种应该避免的错误的育儿方式。如果在孩子刚满一岁的时候就问他："你晚上想吃什么？""你想穿什么衣服？""你想要这个还是那个？"又或者是"你想什么时候去睡觉？"都是不合适的。对孩子来讲，自主探索的环境还是限制在做游戏的场景里，在游戏里他们能自由地观察自然和现实，理解物理规律，与别人互动并发现建立人际关系的乐趣。如果我们要让他在日常生活的事情上自己做出决定，最后大多只会是一团糟。任性是一种会递增的情绪，如果孩子感觉到父母在面对他的索取时有所犹豫，他们就会用尽所有的力气来达到他们的目的。他们索取的东西也会越来越多："我不要吃这个！""我不要玩！""要吃糖！""还要看电视！"——他们想要的东西会越来越多。在这个阶段他们会使出各种手段，他们会说出"妈妈真坏！"或者"妈妈真丑！"这样伤人的话，甚至会出手攻击不满足他们要求的人。

这其实是母亲和孩子关系中一种自然而普遍的机制。学会拒绝某些不合理的要求对于母亲来说不总是一件易事。亲眼看见孩子绝望的哭闹对于母亲来说是心如刀割的，特别是当孩子还比较小的时候。

耐心的说教在这个时候并不一定会起到作用，很多时候两人的对决是不可避免的。妈妈们必须要学会扮演"坏人"的角色，学会抗拒突如其来的语言攻击。她们需要明白这只是孩子的一种手段，在危机顶峰过去后很短时间内她们和孩子的关系就会重新回归正常。

孩子们需要一个威严而坚强的监护人。因为面对和处理孩子们的情绪会让人感到紧张、疲劳和挫败。长久以往和孩子待在一起的乐趣也会减少，这会为所有人都带来负面的影响。

一个沉着冷静，懂得在必要的时候拒绝而不感到焦虑的妈妈可以引导孩子在自由的路上逐渐成长。

如何形成一种良性的距离感？如何避免心理上的折磨？如何保持沉着和冷静？这些问题都没有简单的标

准答案。每个家庭、每个人都有自己的特点、经验和传统，我们需要选择最适合自己的育儿方式。每个人都有潜力成为"任性"这一猛兽的优秀驯兽师。

培养出一个呼来唤去的"小皇帝"无论是对孩子本身还是对大人们来说都是没有好处的。接受能力存在边界的事实不等于否定无限的发展潜力，也不意味着孩子就需要像军人一样只懂得听从命令。学会拒绝也不代表给予负面的评价。要知道学会坚决地说"不"是让所有人从孩子无穷无尽的任性情绪中解放出来的唯一方法。

在孩子两岁以后，"我只数到三……"是一句很有用的话。它能大大缩短孩子任性的时间，也能很好地测试孩子对家长信任的程度。如果数到了三的时候孩子仍然不听话，那么说明你们非常有必要重新考虑换一种方式来处理孩子的问题了。

♂ 爸爸给妈妈的建议

- 有时候我们提高嗓门只是为了制止孩子的不良行为而已——请你们不要冲我们喊，因为这样只会让我们想要吼得更凶而已，而且这次是冲着你们吼。
- 如果你们想对孩子说"不"但是却又说不出口，让我们出面吧——但是之后你们千万不要偷偷地让他做我们刚才禁止他做的事情。
- 如果我们在批评孩子,请你们不要搂着他护着他,一遍遍地和他们说:"爸爸严,爸爸坏。"
- 如果孩子真的成了"小皇帝",那么责任是我们双方的。我们要学会团队合作,而不是互相指责并挑出对方育儿方式的不对。
- 我们说了"不"的事,到了外公外婆那里也不能变成"是"——请和他们好好聊聊,让他们明白孩子要懂得自己的边界在哪里。

妈妈给爸爸的建议

- 如果你们看到我们在不断地给孩子讲道理,却无论如何都制止不了他的任性,我们授权你们替换我们上场,就像球赛一样。我们下场冷静冷静也好,我们在场外能更好地观察并为下一场比赛做好准备,该你们上场了。
- 我们知道你们在一天的工作劳累后都想和自己的宝贝玩耍一会。但是如果你们回家的时候看到我在因为他把果汁喷到了地毯上而批评他的时候,千万别和他说:"来,来爸爸这儿让爸爸抱抱!"
- 去超市的时候,我们可以定下规矩说他能够给自己选一件商品。如果你们拒绝不了他的其他要求,那么你们就直接待在家里吧,我们来负责买菜。如果你们和孩子变成了盟友,那么我们在超市里无穷的诱惑面前就是寡不敌众了。

- 你们是男人,自然进化给了你们保护宝宝和出外猎食的责任。原始人还会定下许多的规矩来保障生存呢。有时候请你们展现出原始的一面,让孩子知道家里面谁才是老大。
- 就这么定了——妈妈和爸爸在面对孩子任性的时候要站在统一阵线上。那个小狡猾有特殊能力,能感觉到我们之间的任何分歧。

未完待续

一

上幼儿园了

一

⚢ 她的视角

这是孩子要上学的前一夜。明天老师们会在早上9:30准时等着我们。我们两人都各自请了几个小时的假来一起送他上学。我真的好激动。我觉得我们熬到了今天也真是不可思议啊。明天就是他学业生涯的正式开始了。

我们讨论了好多次要不要送他去托儿所,但后来我们还是决定了让爷爷奶奶来帮忙带他,幸运的是我经常可以在家里办公——写作真的是适合妈妈的一份工作啊,虽然有的时候还是会让人感到孤单。

明天早上对我们来说是一个新时代的开启。我已经等不及要和别的妈妈们交朋友了,我们要一起给孩子们准备零食,组成一个属于妈妈的小团体。到现在为止我们都还只是和自己的朋友们联系,但是以后我们就可以和新朋友见面啦。想象一下你那担心的表情——你也知道我是喜欢交朋友,喜欢参加各种活动的人。你也知道你要好好管着我别让我飘上天了。在我们两人里我是外向的那一个,而你则更偏向于保守。如果我们不能好好分工合作的话,我们肯定都会忙不过来的。

我竟然觉得一点都不困。其实我也想和你一样睡得那么香,但是没办法,我还是继续在床上翻来覆去。

在当妈妈的这三年时间里,我明白了很多事情(至少在今晚这个不眠之夜我是这么觉得的)。如果我要上电视访谈节目,我肯定会被问道:"你在教育孩子这方面的秘诀是什么,能说给我们听听吗?"

"嗯……我也不知道,这个问题我还真没准备好。您看我这还穿着睡衣呢,您让我先想想啊……您也是妈妈吗?"

主持人回答:"是啊,我有一个男孩和一个女孩。"

"他们多大了?啊,对……提问的应该是您。

好吧，我在养育孩子方面的十大原则就是：

1. 我们夫妻两人是一个身体，两个灵魂；
2. 我以后还会继续丢钥匙，也会记错时间，你也还会在还没收好的餐桌上用电脑开始工作——我们大家都有顽固的缺点；
3. 做爱是一种义务，更是一种乐趣；
4. 有时候沉默是金；
5. 尽量做好生活中的每一件小事——你在圣诞节还有我生日的时候给我准备贺卡，我在你累的时候给你准备炸鱼排；
6. 为了二人世界，我们可以稍稍离开孩子一下——这样并不代表我们就不爱他了；
7. 培养出更多三个人一起享受的活动，譬如说周末去大自然里徒步三公里到你爸妈家吃午饭，即使冬天下雪也一样；
8. 要有信仰——信教的人可以把自己依托给上帝，不信教的人则可以追随自己的理想；
9. 永远不要带着怒气睡觉，也不要在床上吵架；
10. 即使在连续洗了三桶衣服后也要保持轻松的心情——想想那些用手洗衣服的人多辛苦啊。自嘲和幽默是夫妻健康关系的凝合剂。

"很有意思。你的这种观点都着重于一些简单而精髓的问题上。但是日子每天都一样,可以说是很平庸……"

"平庸个鬼!能这么在电视上说吗?我对我的家庭和生活可是很满意的。"

"当然,当然,我毫不怀疑。只是看到你穿着睡衣就来了……"

好了,我想我该睡觉了,明天将会是忙碌的一天呢。我不想明天老师要从我身上把哭闹的孩子撬开才能把他留下来。我相信他已经做好准备面对新的冒险了,我也希望他能从我的眼里看到我对他的信心。

家长会上老师说过,每个孩子迟早都会迎来他的危机阶段。他们迟早都会哭。老师建议我们给孩子信心,但更重要的是给他们做个好榜样。而在学校里留到上第二节课还不离开并不是什么好的榜样。我们的存在会让老师和孩子们都不自在,让一切的课堂安排都难以按时进行。我们自己也要坚强起来,在和孩子道别之后就要离开。如果我们能在很短的时间内就完成道别,那是最好不过的。老师们给我们保证说几乎所有的孩子都会很快停止哭闹并加入做游戏的行列中。如果孩子还是没有转啼为笑,那么他们就会去进行安慰。如果孩子真的是绝望地哭个不停(非常罕见的情况),他们会再给家长打电话的。在老师讲的时候,你用手肘撞了一下我,怕我没有认真在听。实际上老师讲的我都听得一清二楚,而且也下了决心要做到。明天早上我还约了发型师呢，这样我就给自己找了一个要早点离开学校的借口了。

让我真正睡不着的，却是另外一个原因。我不知道该怎么和你说才好。我月经已经晚来两天了，我平时都是非常准时的。准确地来说这只在三年半之前发生过一次。明天我就去测一下，但我已经能猜到结果了——我们又要再次当爸爸妈妈了。我还不能睡呢，因为我要想个非常特别的方式来告诉你这个消息。我要好好想想——我很喜欢精致地处理生活上的事，我也从来不觉得我的生活是平庸的。

♂ 他的视角

大日子终于要来了。你穿着小围裙，做好了准备迎接新世界的挑战。去幼儿园可以说是我们一起跨过的最大的一步了。你即将走出熟悉的家门去新的领域里闯荡。我也不知道我今天是受了什么强烈情绪的冲击，在看着你准备的时候，我思绪万分。

我看到妈妈帮你穿上了蓝色的小围裙，然后亲了亲你的脸颊。

你笑了。

我跑着去取来了照相机，今天可是值得载入史册的一天。你长大后可以再看看今天的这张照片——它记录了你学生生涯的起点。

你以后还会有许许多多的开学日,但我肯定没有哪天能比今天更让我激动。

你摆好了姿势,妈妈给你说:"笑一个。"我则是一张接着一张地拍照。我捕捉到了你的各种表情——严肃的、轻松地,还有你在说"Cheeeeese"时候的。

我们一边吃早餐一边聊着。妈妈给你涂上了一滴她用的香水,说道:"如果你想我的话就闻一下,然后你就会觉得我就在你身边一样了。"她真是什么都懂啊。

我们终于出门了,我们三人手牵着手,你走在最中间,你的手今天握得比平时都要紧。

你长大了,我的孩子。

我们进了学校大门,在你身边是许多其他的宝宝们。你现在谁都不认识,但是过不了几天你就会和他们交上朋友了。

在教室里老师过来迎接了我们,你被分到了米老鼠班。老师向你和我们都做了自我介绍。她牵过你的手,带你在教室里转了一圈,最后我们和你打了招呼后就离开了。

离开之后我就在想,这一路都是我们三人一起走过来。妈妈去了发廊,而我则对过去三年里的种种都回忆了一遍。我为这些年来我们一直走到了今天而感到非常的骄傲。

我眼前闪过了从知道你要降临这个世界上的那天起的一幕又一幕。我也看到了我们夫妻二人的改变,你的到来让我们两个大人也经历了前所未有的转变。

我觉得我们的转变是成功的。我在想如果我们当时没有去尝试加深互相的了解,没有互相帮助和支持,我们今天又会是怎样的一幅场景呢。你的索求让我们都展现出了自己最好的一面。

她学会了以不过分焦虑担心的方式保护着你。

而我则变得更为成熟和有责任感了,我现在脑子里不再是只有工作上的各种目标和没完没了的会议了。每次在安排晚上加班之前我都会先打电话问家里需不需要我。在接受出差安排的时候,我也会优先考虑到你们两个人的需要。

最让我感到惊讶的是,当我在外地出差的时候,我总是会非常想念你们。我现在发现我对你们母子二人的牵挂越来越深。我以前出差的时候从来没有经历过这样的感受。以前只有我和你妈两个人的时候,我们可以好几天不见面,每个人都忙自己的事情。而现在我却有了和她天天都待在一起的冲动。

我又想到了刚刚的画面,你在我们两人的中间,我们三个人手牵着手走着——这或许是我们这三年来一起美妙而充满挑战生活的最好写照吧。

我知道孩子的诞生常常会在夫妻二人之间构筑出一条隔阂，很多家长也从此放弃了男人或女人的身份。在和朋友们聊天的时候，我惊讶地发现有的人在生孩子后两年多的时间里都没有做爱了，有的人甚至从那之后就再也没有重新开始过性生活。

有的人选择了与伴侣渐行渐远，因为他们采取了和我们不同的方法——刚开始他们分开房间睡觉，因为宝宝半夜的哭闹影响到了他们的休息，而在孩子长大以后这个安排也保留了下来。之后他们就不断地在工作上越来越忙，加班的次数也越来越多（要知道养孩子很贵的。）。他们一天到晚都待在办公室里，到最后他们连一起去度假的安排都取消了。家变成了一个只是用来睡觉的地方，然而处于这种状态下的夫妻却认为他们反而是自由了——与其说是自由，不如说是被解放了，他们早出晚归，回到家里也还是自己一个人孤独地睡去醒来。他们会觉得这样很好，让他们再次拥有了生孩子之前的生活，但是爱情和婚姻最后对于他们来说却已经成为他们的枷锁和牢笼。

也许我和你妈也曾经对这样的结局抱有深深的恐惧。有时我们也会觉得撑不下去了。但是今天早上和你们二人一起去学校的路上，我觉得非常开心。对我来说，这才是真正的自由，是爱的奇迹。

当我在整理自己思绪的时候，手机上收到了一条短信，发送人是你的妈妈:"亲爱的，今天晚上我会早点回家，我们出去吃饭吧。我有一个惊喜要给你（你们）。"

一

和平共处十大原则

1. 接受对方的不同

妈妈和爸爸是以不同的方式运行的。妈妈会更有保护欲，而爸爸则会鼓励孩子多冒险。妈妈给予孩子安全感，而爸爸则赋予孩子探索精神。妈妈是孩子的根基，而爸爸给孩子翅膀。虽然有时候妈妈和爸爸的角色会互换，但是他们之间的差异还是很大的。

2. 包容对方的缺点

如果两人其中一方比较粗心，那么这个特点很可能会在他/她成为家长后延续下去。没有必要每次都对伴侣的缺点进行批评让其感到难过——最好的方法是用自己的优势来补足对方的短板。即使最细心的家长也可能会在换尿布的时候笨手笨脚，又或者是在宝宝哭的时候反应太慢。与其指责对方的缺点，不如运用自己的强项提供帮助。

3. 给性与爱留点空间
很多夫妻会在孩子出生之后就停止性生活了。在孩子刚出生的时候暂时的中断是必需的，因为母亲在产后的几个星期内身体上都不允许进行性生活。然而这种暂时的中断最多也不应该超过三个月以上。在此之后双方应该重新开始性生活，否则的话会意味着双方的关系已经出现问题了，大家越早面对这个问题越好。

4. 学会交流，学会沉默
夫妻之间真诚坦白的交流固然非常重要，但这不意味着大家应该将对方的是非过错逐条列出——这对大家都没有帮助。有的事情是拿来交流的，有的则需要为了大家的相处而保持沉默。

5. 心怀伴侣
孩子在出生后会自然而然地成为整个家庭注意力的中心。大家都会为孩子的生日派对和生日礼物做最细致的准备，但是却很容易忘掉结婚周年纪念日又或者是伴侣的生日。宝宝的加入不应该意味着对伴侣的关注下降。在重要的日子准备好贺卡，或者偶尔送一束花吧。

6. 留点时间给二人世界

在最开始的几个月过后,孩子的行为会变得更加规律。父母应该已经掌握了孩子什么时候吃饭,什么时候睡觉,还有什么时候该换尿布了,所以父母完全可以找一天的时间把孩子放心地托付给亲友,两人一起再去重温一下恋爱时的二人时光——去看场电影,去吃一顿浪漫的晚餐,互送礼物……两个人在没有孩子在场的情况下一起度过几个小时,然后再回家拥抱自己的孩子,是一件对大家都有好处的事情。孩子虽然小,但是他却能从你们的眼睛里看出你们是否快乐。

7. 一起寻找新的家庭活动

孩子的到来确实需要你们暂时放下一些你们喜欢的爱好(譬如骑摩托车、爬山、野外滑雪、逛街……)。但是其实你们完全可以找到可以和孩子一起进行的新的兴趣爱好。比如说用婴儿车载着孩子出去逛逛说不定就能让你们交到许多新朋友呢。

8. 要有信仰

孩子的到来迫使你们要有信仰。信仰可以是对伴侣的信心,也可以是对爷爷奶奶外公外婆的信任;可以是对守护天使甚至对上帝存在的相信。即使你们还没有孩子,提高自己的信仰也是非常重要的。

9. 不带着怒气入睡

如果你们吵架了,请在上床睡觉前把所有还有争议的问题先解决掉。这对大家的身心健康和休息保障都是十分重要的。而且这样你们能睡得更长,也睡得更好。良好的休息是其他一切的基础。

10. 笑对一切

不如意的事情每天都会发生。重要的是要学会笑对不如意,这比一味地埋怨要有用得多。孩子希望身边充满欢声笑语而不是怨声载道。不只是孩子,大多数人都是这样。

鸣谢

这本书的创作对于我们来说既是挑战又是机会。

在这几个月的工作中我们发现了爸爸们真的是来自火星，而妈妈们是来自金星的。我们两人进行了许多深入的对话和讨论，提出了无数的假设并对这些假设进行挑战。总之，我们是来自两个不同星球的不同物种。这本书是我们所有作品中最广为人知的，我们为此十分自豪。

我们非常感谢出版社对我们这个项目给予的极大信心，并在创作此书的各个阶段里都给予了我们大力的支持。我们想要特别感谢斯蒂凡尼亚·安德烈欧力和玛丽娜·玛拉查，她们给予了我们创作的机会。感谢安娜起亚拉·他桑和莫妮卡·帕加尼，她们帮助我们实现了出这本描述妈妈和爸爸们内心和大脑的书的愿望。另外还要感谢阿莱西亚·莫法,她的耐心和高超的专业能力在编辑阶段给了我们巨大的帮助。

我们也非常感谢生活和工作上的亲友们以及其他父母们,他们给我们分享了许多的困难与喜悦,让我们得以收集到大量的典型素材来编写这一本能帮助到有需要的家长的指南。

但是我们最想要感谢的还是我们的四个孩子,他们是生命给予我们最好的礼物。虽然他们可能还并不知道,但是他们让家庭和生活成了一场美丽的冒险,一个走向成熟的历程。也是因为他们,我们才获得了最直接的一手研究材料。

文献

Bowlby, John, Attaccamento e perdita. L'attaccamento alla madre, Boringhieri, Torino 1976.

Id., Una base sicura. Applicazioni cliniche della teoria dell'attaccamento, Raffaello Cortina, Milano 1989.

Fogliani Michela, Pellai Alberto, Le nuove sfde dell'educazione in 10 comandamenti. Per aiutare i nostri fgli a crescere, Franco Angeli, Milano 2012.

Gray, John, Gli uomini vengono da Marte, le donne da Venere. Imparare a parlarsi per continuare ad amarsi, Sonzogno, Milano 1996.

Gray, Peter B., Anderson, Kermyt G., Fatherhood. Evolution and Human Paternal Behavior, Harvard University Press, Harvard 2012.

Pellai, Alberto, Nella pancia del papà. Padre e fglio: una relazione emotiva, Franco Angeli, Milano 2003.

Id., Le mie mani sono le tue ali. Il primo anno di vita di un fglio visto con le mani del suo papà, San Paolo, Cinisello Balsamo 2007.

Id., Sul monte della tua pancia! Le emozioni di un uomo in attesa di un fglio, San Paolo, Cinisello Balsamo 2007.

Id., L'attesa. Il percorso emotivo della gravidanza, Centro Studi Erickson, Trento 2013.

Id. et al., Cosa sanno, cosa pensano, cosa fanno i neo-papà: indagine su attitudini, conoscenze e comportamenti di 570 uomini rispetto al proprio ruolo paterno a poche ore dalla nascita del loro bambino, in «Minerva Pediatrica», vol. 65, n. 5 (2013), pp.531-540.

Id., Ianes, Dario, *Facciamo il punto su··· Le emozioni. Proposte di educazione affettivo-emotiva a scuola e in famiglia*, Centro Studi Erickson, Trento 2011.

Siegel, Daniel J., Bryson, Tina Payne, *12 strategie rivoluzionarie per favorire lo sviluppo mentale del bambino*, Raffaello Cortina, Milano 2012.

Id., Hartzell, Mary, *Errori da non ripetere. Come la conoscenza della propria storia aiuta a essere genitori*, Raffaello Cortina, Milano 2005.

Sroufe, Alan L. et al., *The Development of the Person. The Minnesota Study of Risk and Adaptation from Birth to Childhood*, Guilford Press, New York 2005.